吉野家 安部修仁

逆境の経営学

日経ビジネス記者
戸田 顕司著

日経BP社

なぜ吉野家の経営なのか

吉野家ディー・アンド・シーの安部修仁社長に初めて会ったのは、2004年1月6日のことだった。日本政府が米国産牛肉の輸入停止を発表し、「吉野家は牛丼を販売できなくなるかもしれない」と世間が大騒ぎしている最中だった。

吉野家にとって存亡に関わる非常事態だ。そんな時にトップに単独インタビューができるのは記者冥利に尽きる。非常事態でのインタビューは、平時には決して出てこないトップの本音が飛び出すことが珍しくないからだ。過去、様々な企業のトップが不祥事発覚の直後などに会見し、失言や迷言の数々を残してきた。非常事態のインタビューは、企業や経営者の真実の姿を残酷なまでに映し出す。

実際に取材をするまで、安部社長について知っていたことは決して多くはない。牛丼を280円で販売、吉野家を〝デフレ経済下の勝ち組企業〟へと導いたこと。工業高校卒業後にアルバイトから始めてトップに上り詰めた東京証券取引所第1部上場企業の社長としては異色の経歴。ざっとそんなところだった。

失礼ながら勝手に描いていたイメージは、「牛丼屋さんの大将」。精神論で現場を掌握する人間的な魅力に富む一方、先端的な経営学には疎い。非常時のインタビューでは平時には考えられない突拍子もない発言が飛び出すに違いない…。ところが、こうした思い込みは初めてのインタビューで粉砕された。

安部社長の話から、いわゆる精神論や根性論は一切出てこなかった。現状をどう認識して、対策を講じているのか。なぜ豪州産牛肉を使わないのか。吉野家の考える安全とは何なのか。危機に直面して吉野家が何をすべきかが流暢に語られる。質問にも、的確な回答が返ってくる。課題をきちんと整理して把握し、合理的に考え抜いた様子が言葉の端々からうかがえた。まるで経営学の研究者と話しているような理知的な印象を覚えた。

とはいえ冷たい印象は全くなかった。非常時にもかかわらず、1時間半もの長い時間、丁寧に考えを説明する誠実な人柄。話す内容からは現場を信じて任せきる、胆の据わった人物であることが感じ取れた。

それから半年。吉野家の経営を分かったつもりでいた筆者は、再び安部社長の一言に思い込みを粉砕される。

「利益が減ってもいいから、現場を休ませたい」

当時、吉野家の業績は牛丼を失ったにもかかわらず、回復の兆しを見せていた。これからは利益を拡大するための戦略を取るのだろう。筆者がこう思った矢先、経営の定石からは考えにくい手を安部社長は打ち出した。真意を尋ねると、現場にたまっている疲弊感を嗅ぎ取ったのだという。

決断を下した背景には、倒産からの再建という安部社長の過去がある。1980年、吉野家は会社更生法の適用を申請した。業績が傾き、将来が見えない会社で、安部社長は若手幹部として必死に立て直しを図った。その時、将来への不安がもたらす心労の蓄積が、現場の荒廃につながることを安部社長は体験として知った。

牛丼の販売中止も、倒産後と同じような状況に陥った。日米政府間における輸入再開の交渉がはかどらず、牛丼再開のメドも一向に立たなかったからだ。現場の緊張は長くは続かない。だから、あえていったん小休止して、再び利益改善の作業に取り組んでいく。この結果、２００５年10月には外食産業の平均である営業利益率５％を達成するまで業績は回復し、危機的な状況を脱した。

倒産と主力商品消滅という2度の地獄を生き延びた安部社長の経営力。これを「逆境の経営学」と名づけた。

どんな企業であれ突然の危機と直面することが珍しくない時代だ。優良とされていた企業でさえ、不祥事をきっかけに消費者にそっぽを向かれてしまう。リスクを完全に遮断することができないのならば、逆境に負けない経営を考えなければならない。

吉野家を除けば、20〜30年という期間に2度の地獄をくぐり抜けた日本企業は見当たらない。安部社長の経験には、普遍的な経営のヒントが隠されているはず。そんな確信から、本書は生まれた。牛丼の販売中止から販売再開まで、筆者が取材した吉野家の約3年間の記録でもある。

逆境の経営学は、もちろんMBA（経営学修士）講座のテキストにはない。具体的にどんな経営なのか、人事や商品政策から財務まで全10章で安部社長が極意を初めて語り明かす。理知的ながらも、ざっくばらんな物言いを好む安部社長ならではの経営学講義を楽しんでいただきたい。

各章には、安部社長の人となりを知るドキュメントを添えた。逆境の経営は時に平時の経営の常識とは相いれないこともある。安部社長の時々の経営判断のバックグラウンドを知るうえで欠かせないエピソードを数多くの関係者への取材から解き明かしたものだ。独特の経営哲学だけでなく、魅力あふれる人物像も読み取っていただければ幸いだ。

目次

吉野家　安部修仁『逆境の経営学』

第1講

リスクマネジメント

MBA講座では教えない
――安部修仁の金言

「待つ心が一番の敵」

会社は再び潰れるかもしれない――。2004年からの牛丼販売中止は、吉野家ディー・アンド・シーにとって1980年の倒産以来の緊急事態でした。

この危機に直面した時、社員には「生き残るために、いろいろと取り組もう」と呼びかけました。でも、それだけでは会社は動きません。経営者にとって様々な課題に同時に手を打つのは、実は危機を乗り切るために大切なことではないんです。一口に危機と言っても、いくつかのステージに分けることができます。そしてステージに応じて経営の課題も変わってきます。

人間の欲求には5つの階層があると唱えた心理学者がいました。米国のアブラハム・マズローです。人間は、まず食事や睡眠を確保して生きたい。次に、病気や災害から逃れて安全に暮らしたい。こうした欲求が満たされて、社会と関わりたい、他人に認められたい、オンリーワンを誇れる自分になりたい、と続くわけです。マズローは「生理的欲求」「安全欲求」「社会的欲求」「自尊欲求」「自己実現欲求」の5階層を説いています。

会社も人間と同じように欲求があります。まずは事業を継続したいという「生理的欲求」。事業を黒字に保って継続する「安全欲求」。同業他社並みの収益力を持つ「社会的欲求」。社会的にすごいと認められる「自尊欲求」。オンリーワンの存在になる「自己実現欲求」です。

今回、吉野家が直面した危機も、マズローの5階層になぞらえることができます。米国産牛肉の輸入が停止されて最初に来るのは「生理的欲求」です。吉野家の生理的欲求、それはつまり営業の継続です。初動ではとにかく「営業を継続する」という方向に社員の意識を持っていきました。

営業が最優先、損失は構わない

外食ビジネスは、店を開けてお客さんが来てくれれば、売り上げが立ちます。ですから、24時間1店舗残らずに営業を継続すると決め、そのためにどうすればいいかを考えるわけです。

営業を続けるのが最優先だったから、何であれ商品を来店客に提供しなければなりません。全国1000店舗分の食材が調達できないとなれば、地域ごとにメニューを変え

成長と挫折を繰り返す

2度の地獄を見た男、安部修仁の吉野家35年史

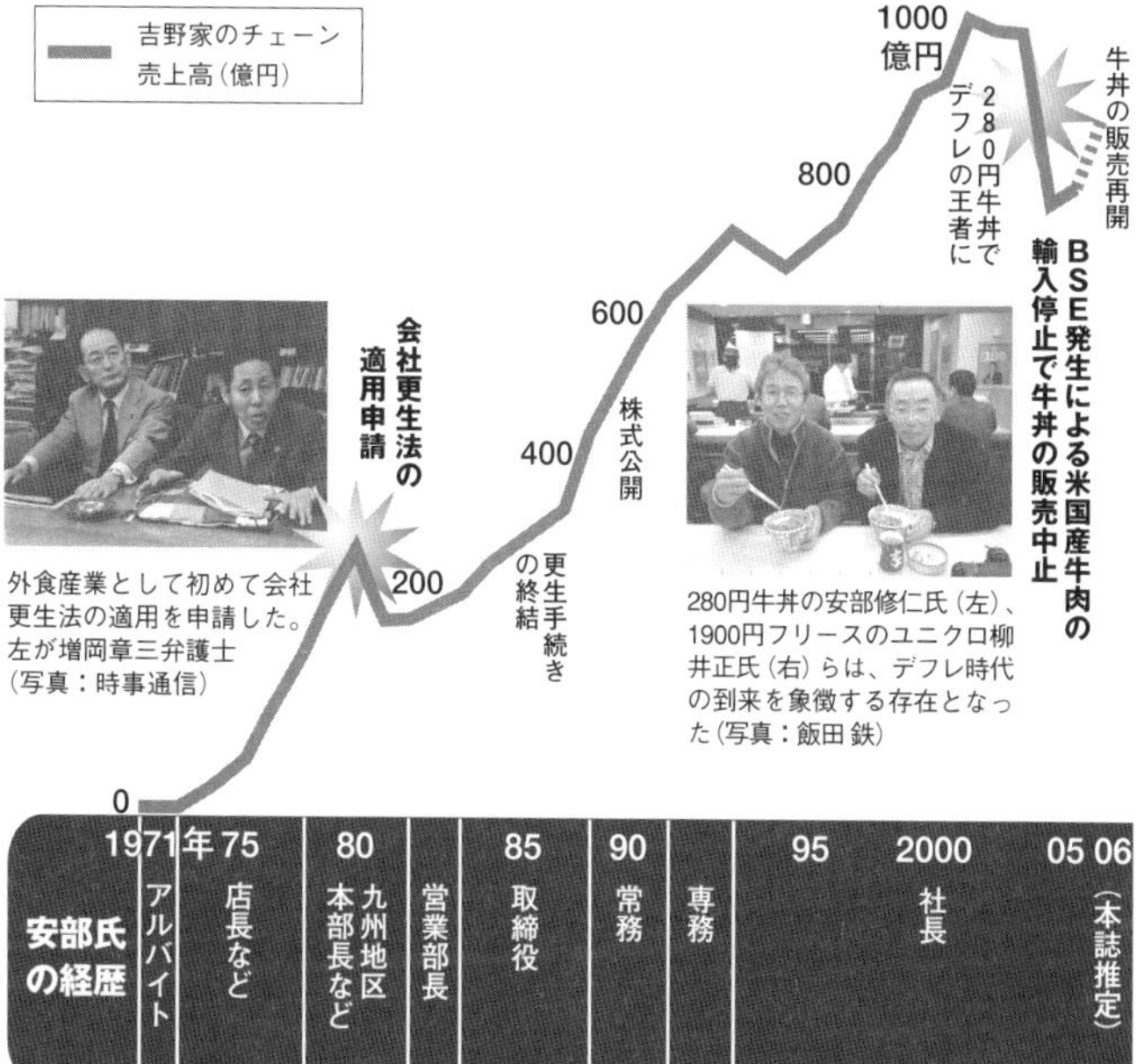

外食産業として初めて会社更生法の適用を申請した。左が増岡章三弁護士(写真：時事通信)

ることで対応します。食材の仕入れ先に注文して納品してもらう必要があります。注文したものは買わなければなりませんから食材の在庫ができます。

ところが、在庫はあっても当初想定した商品が売れないこともあるわけです。あるメニューの食材を使い切って別のメニューに移るのかどうか。これも判断なんですよ。初動はともかく早く軌道に乗せることが先決。たとえ損失が出ても円滑に軌道に乗せる方を優先する。だから損失は構わない。

２００４年度の上期は24億円の赤字となりました。それも第１四半期に集中していました。決算を締めてみたら、そうなっちゃった。いや、いっぱい赤字が出たなという感じですね。

常道というか常識で言えば、仕入れた在庫がもったいないから、とりあえずメニューに残したままお客様の動きを見ながらとなります。でも、危機の最初の段階では、そんな話ではないんです。売り切って在庫をなくすことにはこだわらない。単月の損失を少なくしても長期化するのでは、軌道に乗るのが遅くなります。そっちの方が問題だと思いました。

倒産時も店舗は閉めず

こうしたリスクマネジメントは、1980年7月に吉野家が会社更生法の適用を申請した時の体験と無縁ではありません。会社更生法の申請に伴い、管財人として吉野家の再建を任されたのが弁護士の増岡章三先生です。

倒産の直後、増岡先生は再建セールと銘打って、全店一斉で当時350円だった牛丼を300円に値下げしました。吉野家が営業を継続していることを広く知ってもらう目的です。これで客数が増加し、何とか社内が落ち着きを取り戻しました。もし店舗を閉じてしまうと、「やはり吉野家の経営は厳しいんだ」と悪いイメージが広がってしまう。

当時、私は営業部長として、店長たちの不平不満を聞いたり、会社を辞めたいと申し出てくる社員を引き留めたりしていました。倒産のゴタゴタで退社が相次いでいましたから、店舗を運営する人が足りなくなって、営業を続けることが困難な状況でした。会社に残るように、誰かを説得している毎日でした。

不採算店を閉鎖したり、経費を圧縮したりなどのリストラを実施したのは、客数増加策の後なんですよ。これで黒字化して、倒産した年の秋には「本当に再建できるかもしれない」と感じるようになりました。以後、旧セゾングループの支援も決まり、87年3月に更生手続きが終結しました。

吉野家をチェーン展開した事実上の創業者、松田瑞穂さんに教えられた部分はありますが、私のマネジメントスタイルは、再建の過程で学んだ増岡先生流の影響が大きいでしょうね。

危機の段階が変われば、経営の課題も変化します。今回の場合は次の段階、マズローの欲求で言えば「安全欲求」へと移ったのが、2004年8月に豚丼や牛鉄鍋膳など4品を「新・定番商品」として売り出した時期です。ここからは、とにかく黒字化という活動に入っていきました。

この段階では、商品を価値のあるもの、魅力的なものにしていかなければならない。店舗運営も効率化のために改善していく必要があります。それなりの軌道に乗せるとでも表現すればいいのでしょうか。

この頃から私自身、エリアマネジャーと一緒に膝詰めのミーティングを行うようになりました。現場でも自発的にエリアマネジャーや店長が集まって、牛丼単品から複数メニューに移行したことによる問題点と改善策を議論し合うようになりました。２００４年９月には単月で経常黒字に、翌10月には単月で営業黒字に転換しました。「安全欲求」も満たされました。

期待感が疲弊感に

ここで危機は３つ目のステージに移ります。他社と同じでありたいという「社会的欲求」です。外食業界の平均的な営業利益率が５％。「たとえ牛丼がなくても俺たちはそのくらいはできる」と当初から目標を掲げて社員を鼓舞し続けました。定食メニューを導入するなどして、客単価や利益率を高めて、「牛丼抜きで営業利益率５％」という目標に単月で到達できたのは２００５年10月でした。これから先は、マズローの言う「自尊欲求」「自己実現欲求」ですから、もはや危機というステージではありません。

ここまで読んで、危機の最初のステージが一番難しいと受け止める方も多いでしょう。でも、実は1つのステージをクリアして次のステージに行くところに大きな課題が潜んでいます。それは疲弊感です。リスクマネジメントを経営の技術論だけで語れない理由でもあります。

技術論で言えば、危機下での経営は「組織の仕事の質量をはっきりさせること」とまとめられます。課題を明快にし、目標水準を決め、1人ずつの役割を揃える。

課題とは、危機を乗り越えた先にある未来イメージを共有することです。そして、そこに到達するための目標を掲げる。この目標設定が難しい。あまりに高くてはしらけるし、低すぎては向上しない。なぜその水準なのか、経営者が合理的に説明できないと、社員は納得しない。ここまでくれば、各人のやるべきテーマが見えてきます。

しかし、これだけでは不十分です。

今回の牛丼販売中止では、一番の敵は「牛丼再開を待つ心」でした。牛丼があれば、今の苦労から解放される。だから「早く戻ってきてほしい」と社員は期待する。米国産牛肉の輸入再開という観測も流れる。ところが局面が変わって、再開は先送りされる。

こんな状態が続くと、疲弊感がどんどん蓄積されて、いずれ気持ちが折れてしまう。いつ戻るか分からないということは、要するに悲観的に想定しておいた方がいいということなんですよ。だから、牛丼抜きで軌道に乗せようと言い続けました。

自ら探りを入れて確認する

それでも、会社が黒字になると、今度は別の疲弊感が襲ってきます。それまでは必死でなりふり構わずに、ぬかるみをもがいて平地に出ようと歩いてきた。やっと原っぱに出て歩きやすくなると、身なりや生活を考えるようになる。すると、疲れを感じる。現場の疲弊感は、通常の業務報告では上がってきません。では、どうやって察知すればいいのか。

まず、自分自身です。私が疲弊感を覚えた時は、みんな覚えているものなんですよ。それから、いろいろな人との会話から感じることもあります。

この段階では、まだ自分の仮説ですから、客観的な確認が必要ですよね。それは全く別の角度からします。例えば、営業部門以外の社員に営業の様子を聞くとか、商品開発をテーマに管理部門の印象を尋ねるとか。自分で出向いていって、当たり障りのない会話から探るんです。

それで、私の問題意識がほぼ間違いないだろうなと認識したら、当事者と話し合う機会を設けます。当事者がどのような問題意識を持っているかを確認すると言った方が適切だな。それを踏まえて、例えば当事者が「自分は仕事している」と自己満足するためだけに早朝会議を開いているとしか思えないような場合は、事例を示してズバリと注意したり、実態が見えていないんじゃないかと諭したりすることはありますね。

この辺は難しいところです。当事者が問題を認識していながら、マネジメントの方法論としてそうやっているケースもありますから。吉野家の店舗運営でも、東日本と西日本は担当者のキャラクターが違うので、マネジメントも異なる。これを一律にして、いい結果が出るとは必ずしも限りません。

個性は生かしながら、最善の方策を見極める割り切りも必要です。決定的にダメな状況に陥ると、役者を代えないといけない。これは組織としてかなり悪しき状況ですね。

◆待つ心が一番の敵

危機はステージごとに整理して対応する

欲求段階に置き換えて危機を度合いに応じて細分化しよう

欲求	段階	吉野家		牛丼販売中止	倒産
自らを研鑽して創造的活動を行う**自己実現欲求**	**自己実現**	圧倒的な**優位性を持つ**	平時		営業利益率15%という牛丼単品経営を実現する
他者から価値のある存在であると認められたいという**自尊欲求**	**認知**	競合を**上回る水準に達する**	平時	複数メニューの吉野家を確立する	
他者と関わり合いたい、同じでありたいという**社会的欲求**	**集団帰属**	競合と**同水準に達する**	危機	営業利益率5%を達成する	更生手続きが終結する
病気や天災から逃れて安定的に暮らしたいという**安全欲求**	**安全**	収益を**確保する**	危機	商品の絞り込みや店舗運営の効率化に取り組む	本部の合理化や地域限定で店舗の閉鎖を実施する
食事や睡眠などを生きていくために確保したいという**生理的欲求**	**生存**	営業を**継続する**	危機	代替商品を確保する	24時間営業を維持する

仕事の質と量をはっきりさせよう

	①課題を明快にする	②目標を設定する	③役割を決定する
トップの役目	未来イメージの共有	腑に落ちる水準の検討	疲弊感の払拭
具体策	牛丼抜きの吉野家を軌道に乗せる	営業利益率5%達成を目指す	「牛丼再開を待つ心」を取り除く

ドキュメント　その時、安部修仁は――1

どん底を知る、アルバイト出身社長

２００６年9月18日午前10時半、東京・有楽町の駅前に現れた行列を眺める白髪の老紳士がいた。その視線の先には、１日限りで牛丼の販売を再開した吉野家の店舗があった。

増岡章三――。１９８０年に会社更生法の適用を申請した吉野家ディー・アンド・シーの再建を管財人としてリードした弁護士だ。牛丼の販売が始まる午前11時が近づくにつれ行列は延び、約１００人に達した。増岡はうれしそうにつぶやいた。

「順調に成長してきた経験しかない創業2代目社長だったら、今回の危機で会社を潰していたかもしれない。倒産の経験があったから、乗り切れたのだろう」

主力商品の食材が突然消える会社存亡の危機、かつて倒産の危機を乗り切った増岡にとっても不安がなかったと言えば嘘になる。その不安を打ち消したのが目の前の長蛇の列だった。倒産を経験した男が社長なのだから、きっと今回の危機を克服できるはず。そんな期待を寄せていたのが安部修仁だ。

増岡が吉野家に乗り込んだ時、安部は30歳。大企業なら平社員でもおかしくない年齢だが、既に将来を嘱望される吉野家の幹部候補生だった。前年には米国に社命留学、倒産直前の3月に帰国してからは本社の部長格を務めていた。そんな安部は増岡が繰り返すこんな言葉にカルチャーショックを受ける。

「何を言っているのか、君の話はさっぱり分からない」。増岡はコミュニケーションの術を通じて、核心をつかむ大切さ、即断即決より熟慮といった会社経営の要諦を安部に叩き込んだ。それまでの吉野家にはなかった視点だった。

倒産までの吉野家の歩み、それは一直線の急成長だった。老舗牛丼店の社長だった松田瑞穂は、68年にチェーン展開に進出。店舗数は77年に100を、78年には200を突破した。さらに米国200店構想までぶち上げていた。

「勝つまでやる」

安部が入社した72年、吉野家はわずか5店舗の牛丼チェーンだった。安部は福岡県の工業高校を卒業後、リズム・アンド・ブルース（R&B）のバンドのリーダーとして上京。バンドメンバーの生活費の足しにと、時給の高かった吉野家でアルバイトをしたのがきっかけだ。間もなく正社員になることを持ちかけられ、すぐに店長になった。当時社長だった松田は戦国武将に例えれば織田信長タイプの経営者。意に沿わない部下をばっさり切り捨てる半面、見込んだ部下は重用する。安部はトップに気に入られて、松田流のたたき上げ経営を肌で覚えていく。

倒産後、増岡もまた安部に目をかけた。吉野家の前にミツワ石鹸など多くの企業再建に関わってきた増岡は、成長ではなく、安全の大切さを安部に繰り返した。安部は増岡の下で取締役に抜擢される。再建途上の会社とはいえ、30代半ばで経営に携わることとなった。その後、吉野家は87年に更生手続き終結、

◆待つ心が一番の敵

90年に株式公開と完全に再生する。

安部は倒産からの復活というどん底で経営を学び、92年社長に就任した。それから10余年、280円牛丼で「デフレの王者」ともてはやされたのも束の間、米国産牛肉の輸入停止という再びの危機に直面する。

「勝つまでやる。だから勝つ」

2004年、吉野家から牛丼が姿を消す直前の店長集会で、安部はこう叫んだ。倒産という地獄を見た男が2度目の地獄の淵で行った決意表明だった。牛丼の販売再開を待つことなく、吉野家の営業利益率は外食業界の平均とされる5%を上回った。そして、牛丼の本格販売で再び地獄からの生還を確かなものにしていく考えだ。

第2講

リーダーシップ

MBA講座では教えない
——安部修仁の

金言

「上位者視点で考える」

入社間もない頃から、私は同僚から相談を受けたり、「おまえが言えよ」と代表させられたり、吉野家で一目置かれる存在になっていました。理由を考えてみると、仲間内で会社の愚痴を言っていると、時々、私だけ見解が異なっていたことが思い当たります。見解の相違は、多分、視点の違いから生まれたのだろうと考えています。みんなは自分の立場で発言している。私は、上位者の位置にいるつもりで物事をとらえようと心がけていました。店長だったら横の店長ではなくてエリアマネジャーとして、エリアマネジャーであれば営業部長として、営業部長なら経営者として、という具合です。するると、自分の発想に対するアンチテーゼを絶えず意識するようになります。組織においで真っ当な発想かどうか、客観視できるわけです。

自分の立場だけで考えた問題提起は、はっきり言って、8割が愚痴や不満ですよ。もちろん、修正しなければならない正しい指摘が全くないわけではないけれども、非常に少ない。

会社で働いていると誰しも矛盾を感じる時がありますが、上位視点を持つことで、会社の取り組みに対して正当性に気づいたり、前向きに理解できたりできる。つまらないことで、くよくよしたり、腹を立てたりせずに済む。

自分の立場だけで考える危険性は、事実上の創業者である松田瑞穂さんが、ちょっと違う切り口から僕らに教えてくれました。「本当に一生懸命に仕事をしていると、どんどん深掘りしていくから、縦に深くなるけれども視野狭窄になる。だから、外部のアドバイザーの意見を聞かないといけない」と繰り返し言っていました。

これに関連して、思わず笑った話があります。松田さんが吉野家創業の築地店で年商1億円を達成して、次の目標に思い悩んでいた時期のこと。あるセミナーでコンサルタントの方から「年商1億円の店が2つあれば、年商2億円になる」と言われて、松田さんは目からうろこが落ちて震えるような感動を覚えたんだそうです。1店の売り上げ極大化を突き詰めて考えていると、多店舗展開という単純なことでさえ見えなくなってしまう。

「視野狭窄にならず、評論ばっかりやっているやつはものにならない」とも言っていました。徹底して考えることと、自分を客観視することを両立しなければマネジメントはできません。

勉強熱心だった松田瑞穂氏と東京・築地の第1号店（右上）。ここに吉野家の原点がある

いい子になるな

今、私は吉野家ディー・アンド・シー社長として大きな組織をマネジメントする立場ですが、経営の考え方は、店長の延長線上にあります。良いリーダーの下には、有能な部下が残って優秀な集団になる。悪いリーダーの場合は、辞めてほしくない人材が去って、辞めさせたいやつだけが残ってしまう。

リーダーについて話す時、私は松田さんの言葉を借ります。松田さんはよく「大抵の上司は、部下の短所と自分の長所を比較している。それでは人は伸びない」と怒っていました。

自分の長所と部下の短所を見比べているのですから、常に自分が勝って部下がバカに思えてしまう。それでは、部下の優れた能力を引き出せないんです。部下も「この上司でなければ、もっと気持ちよく仕事ができるのに」とくさる。だから、「比較するのは、自分の短所と相手の長所にしろ」と。これによって、自分が改善すべき課題が見えてくるメリットもあります。

リーダーは重要です。有能とされていた人材でも別のリーダーの下では力を発揮できないことがあるし、逆に、ダメ集団でもリーダーが代わると貴重な戦力になることもある。リーダーに求められている役割は、人材が活躍できる土壌、環境、状況をどう作るかということでしょうね。

私が経営を学んだのは、倒産前ではやっぱり松田さんですし、再建中は管財人の増岡章三先生です。2人とも厳しかったですよ。松田さんに私よりけちょんけちょんに言われた人はいますが、増岡先生には私が一番やられたくちかもしれないですね。

松田さんは、格言的にズバッと言う。結論だけで説明はしない人でした。僕らは是非はともかくとして、なぜそういうことをやろうとしているのかをひたすら考えました。

例えば、吉野家が200店舗を目標に店数を増やしていた頃、ある時、松田さんがサーキットでレースを見てきたんですね。興奮して、こんな話をするんです。「レーサーは時速200kmを超えると、カーブを曲がる時に逆ハンドルになる。会社も同じだ。200店を超えると、これまで良かれとしてきた組織もマニュアルも制度も全部、変えていかないといけない」。

凡人にしてみると、すごい飛んだ発想ですよね。でも、これからのあり方を見直す必要性を示唆するという点で、分かりやすい比喩だと思います。

一方、増岡先生は、会社の再建に携わっていましたから、しっかりと確認してからでないと決定しない。この過程で、コミュニケーションの術を教わりました。何回も聞いたのが「何を言っているのか、君の話はさっぱり分からない」という言葉です。

ごまかしが嫌いなんですね。真剣に本当のことを言おうとしているのか、とりあえずその場を乗り切ろうとしているのか、弁護士として研ぎ澄まされた感覚で見極めていました。物事を整理し、要約してポイントを絞ってコミュニケーションする作法は、みんな鍛えられたんじゃないでしょうか。

2人に共通しているのが、組織メカニズムの重要性を認識していたことです。組織で人が機能するためには、下には厳しく言って、上には現状に対する苦言を呈する嫌な役回りを受け持つ人が不可欠です。言い方を変えれば、どっちからも嫌がられていないやつは、自らの役目を果たしていない。松田さんはこう言っていました。

「しかるべきじゃない時に、しかるべきじゃない相手に、しかるべきじゃないことを言うやつが一番の組織破壊だ」

増岡先生も問題が起きた時は、現場ではなく、その上司にしか言わない。そして、改善するまで厳しく監視する。

言ってみれば、「いい子になるな」ということなんですね。赤提灯では上司の悪口に同意するやつばかりが集まる。それはそれで許すけれど、しかるべきじゃないやつとしかコミュニケーションしない人は、上司に問題提起せずに、自分の意見も持っていないんです。面従腹背で誰に対しても「俺もそう思う」では、組織で全く機能しない。きちんとした人はみんな、この観念を持っていますね。

〝伝説〟を末端まで伝える

私が社長になって心がけたのは、「みんながなるべく誤解しない、やろうとする内容を共有できる分かりやすい経営」です。

既に社員1000人体制が見えていますから、全員を率いるには分かりやすくないといけない。例えば、2006年1月に米国産牛肉の輸入が再停止になった時は、社員に「アッタマ（頭）にきた」と表現しました。経営では、自分が伝えたいことを象徴するワンフレーズのメッセージが必要です。

同時に、これでもかというぐらいに自分が伝えたい内容をくどくどと丁寧に説明しました。この結果、社員と共有できた半面、指示通りにこなすだけのところも出てきた。いろいろな選択肢から最善策を決めているけれど、「いや、待てよ」という疑問符は習慣として持つようにしてほしい。特に、経営幹部が思考停止では困ります。

松田さんや増岡先生が残した〝伝説〟を末端まで伝えることも、かなり意識しますよね。世代が異なる若者であっても、格好いいと思える美意識は決して変わらないと思うのです。

吉野家では社内報で紹介したり、社員研修を実施したりしています。しかし、一番強いのは、日常の仕事における局面や状況で伝説が語られること。上司の一言に何かを感じた人が、また意識して下に伝えていく。人間を通じて、連綿と縦横に行き渡らせていく。ツールだけでは無理です。

私はラッキーですよ。松田さんや増岡先生という超一流の方々と知り合えた。旧セゾングループとの縁でミレニアムリテイリング会長の和田繁明さんや、再建後に伊藤忠商事が株主になって会長の丹羽宇一郎さんとのつき合いもできた。

吉野家は、強い星の下に生まれたんです。だから、どんな勝負であっても負けない。過程ではいろいろとあるかもしれないけれど、それはねぐっちゃって。最後は絶対に負けないんですよ。

リーダーの心得7カ条

社員一人ひとりが
経営感覚を持とう

常に上位者の位置にいるつもりで思考し、自分の発想が真っ当かどうか、客観視する姿勢を持つ。

上には苦言、下には厳しさ。どちらからも嫌がられていないやつは、自らの役目を果たしていない。

会社が共有すべき思想を、日常の仕事における局面や状況で、意識的に部下に語りかける。

一生懸命に仕事していると、視野狭窄になるので、外部の意見に耳を傾ける。

上司は自分の短所と部下の長所を比較することで、自分の課題が見えてくる。

ダメ集団もリーダーで変わる。人材が活躍できる場を作ることが求められている。

皆が誤解せずに内容を共有できるように、分かりやすいメッセージで伝える。

写真：村田 和聡

ドキュメント　その時、安部修仁は――2

窮地にめげない精神の強さ

「いやいや、ご愁傷さまでした」――。東京・新宿にある吉野家ディー・アンド・シー本社2階の会議室。扉が開くと、安部修仁が満面の笑顔で入ってきた。

２００６年1月21日土曜日の午前10時。会議室には、専務、常務ら吉野家の経営幹部8人が揃っていた。安部の第一声で会議室は笑いに包まれた。

はたから見れば、こんな〝軽口〟を言っている場合ではなかった。前夜に安部が自宅のパソコンから電子メールで招集した緊急会議の場だからだ。

事実、状況は深刻だった。２００５年12月に米国産牛肉が輸入再開となったのもつかの間、わずか1カ月後に特定危険部位が入った米国産牛肉が見つかったことで、日本政府は米国からの輸入を再停止とした。これを受け、安部は2

月11日に予定していた牛丼の販売再開を延期するかどうか、決断を迫られていたのだから。

安部自身、平然としていられなかった。ニュースが流れた時、安部は業界団体の新年パーティーに出席していた。そこにマスコミが押し寄せた。「詳細が分からない」と答えるも、ある記者が携帯電話の画面に表示したニュースを見せつけてきた。それには「ノーコメント」。社長になって13年。初めて口にした言葉だった。

しかし、会議では一切、動揺した姿は見せずに、明るさを演出した。会議が始まって30分とたたないうちに、「牛丼再開は延期」との結論に至った。必要な牛肉が調達できない見通しを担当役員は報告、世間の反応を考えても延期が妥当と全員が考えていた。

会議は事後対応を詰め、午前11時に終了した。終始、役員に悲壮な表情はなかった。全員一丸、前向きに。米国産牛肉の輸入再停止という第一報が入った時の重苦しい雰囲気は一掃され、いつもの吉野家の空気が流れていた。

一度は覚悟した吉野家廃業

めげてしまったら、危機は乗り切れない。ここに安部の真骨頂がある。

もっとも安部も最初から精神的に強かったわけではない。諦めを口にしたこともある。それは1980年、吉野家が会社更生法を申請する直前のことだ。「吉野家を潰してほしい」。安部は同僚と一緒に、当時社長だった松田瑞穂にこう訴えた。有力加盟店と経営権の取り合いとなり、人材の引き抜きなどの内紛が起きた。事態の収拾にほとほと疲れ果てたのだ。

ところが、松田は「会社更生法を申請して存続させる」と主張する。安部らは、最後の頼みだからとしぶしぶ聞き入れた。安部は当時の心境について、「42・195㎞のマラソンを走り終わってゴールしたと思ったら、もう1回マラソンしろと言われたようなもの」と明かしている。

会社更生法の適用を裁判所が認めたとはいえ、再建は容易ではない。倒産のゴタゴタで店長が次々と辞めていく。そんな中で安部は、管財人の増岡章三から引き留め役を任される。「吉野家きっての熱血社員」。当時の安部の評判だ。

安部は、退社しようとする社員の決心を翻すために、口説き文句を考え抜いた。将来の展望が見えない中で、「吉野家の牛丼が間違っていないと、一緒に証明しよう」「再建して、吉野家を見限ったやつらを悔しがらせよう」と、やり続ける意義を必死で唱えた。すると、共感してくれる仲間がいた。

この結果、気づけば再建は軌道に乗り、90年に株式公開を果たすまでになった。自分自身も、いったんは吉野家の存続を諦めたはずだったのに。常に前向きでいれば、何とかなる。安部は、こう信じている。

第3講

プライシング

ＭＢＡ講座では教えない
——安部修仁の

金言

「値頃感は数で決まる」

2年7カ月ぶり、2006年9月18日から期間限定で販売を再開した牛丼の価格は並盛380円です。販売直前まで誰にも明かしませんでしたが、2006年春には決めていました。販売停止までは280円だった商品を、なぜ380円にしたのか。

まず、会社のポジション、商品のポジションを的確に見定めなければなりません。牛丼は吉野家の主力商品であり、お客さんもそれぞれに思い入れがある。それは、価格に対しても、です。そう考えると、280円牛丼以前の400円を上回るのはいかがなものか。

今回は販売再開の初動ですから、価格が与えるインパクトも大きい。また、客観的な市場の情勢から見た値頃感がありますね。うちの場合、毎年価格改定なんていうことはできません。中期的、長期的なレンジの相場の見通しが必要になります。

それで言うと、280円に価格を改定する前、400円の時代の頃の趨勢に向かっていると見ています。原油価格であれ、税制であれ、年金問題であれ、様々なファクターが絡んできますが、インフレにはいかないとしても、少なくともデフレは脱却していくでしょう。

そういう想定の中で経営を考える場合、初動でいくらに設定するかはイメージの定着という点で数年間の流れを決定的に決めてしまいます。乱暴な話をすれば、380円で始めれば380円が、330円で始めたら330円が基準になります。ということは自分で呪縛して窮屈にならないようにしておかないといけない。もちろん原価の面でも耐えられる水準でなければならない。

ポジションを意識せよ

お客さんとの関わりで言えば、短期的に価格を上げることは避けなければなりません。先々には、米国産牛肉の調達が円滑になった時に値下げできるような値付けにしておく必要がありますね。

そういう意味では、いくつかの選択肢があるけれども、率直なところ少し余裕のある価格設定で始める方が有効だと考えて380円にしました。

これが牛丼以外の商品であれば、うちのポジションも当然違ってきます。例えば、2

中止前より100円値上げしたにもかかわらず、「牛丼復活祭」で吉野家には行列ができた（写真：村田 和聡）

００５年10月に10円値上げした豚丼。分かりやすく極端な言い方をすれば、一過性のことです。ある状況の下で有効か有効でないか。今回の牛丼販売再開での値付けと比べれば、うちにとってのポジションの違い、重さの違いというのかな、これが明確にあります。長期レンジで考えることでもありません。

一過性と言ったのは、仮に豚丼で失敗したとしてもリスクは小さいからです。豚丼の値上げが牛丼のイメージを決定的に形作ることにはなりません。これは絶対に曲げない自負だけれど、豚丼は僕の中では脇役です。たとえ2年という牛丼販売停止期間があっても一過性でしかないんです。

自らのポジションを見極めないと値付けはできないと言いました。では、同業他社との比較が大事かと言えば、必ずしもそうではありません。

価格について「ほかの牛丼チェーンの価格を参考にするか」とよく質問されます。同じ牛丼だから、世間や報道は、「松屋」や「すき家」などと比較したがります。見るか見ないかで言うと、それは当然、見ますよ。でも、吉野家にとってはそれほど重要な要素ではありません。

同業よりもマック、コンビニ

吉野家と同業チェーンが隣接していて、価格の違いが客数に関係しているところも局所的にはあるでしょう。しかし、お客さんは牛丼チェーン2店だけを見ているわけではありません。

日常生活では、コンビニエンスストアのお弁当があって、マクドナルドのハンバーガーがあって、ラーメン店もあって……。生活シーンで、吉野家と同じ用途の店はたくさんあって、その中からどこに行くかという話なのです。

値頃感というのは、心理的なものですから、人に与える影響度を考えると、客数や食数が大きいものが一番強くなります。外食で言えばマクドナルドですし、食全般で言うとコンビニです。細かく見れば、店内で食事する場合と持ち帰る場合で別々に分析するといった必要もあるのかもしれませんが、最後には数の影響に行き着きます。

牛丼に関して言えば、松屋、すき家が先行して販売を再開していますから、両社の価格によって牛丼の相場というイメージが消費者の間で形成されているかもしれません。だとしても、吉野家が牛丼を本格的に販売再開すれば、状況は一変しますよ。後発ではありますが、消費量は吉野家の方が多い。そうなると、マジョリティーである吉野家の価格で相場観が形成されるようになります。

だから、我々は、同業他社はあんまり気にしない方がいいのです。コンビニのお弁当やマクドナルドのハンバーガーなど、似て非なるものの方がかえって近いところにあって微妙に影響しているのかもしれません。

ここまで商品の原価率についてほとんど触れていません。吉野家には直営店だけでなく、加盟店もあります。加盟店オーナーがきちんと利益を確保できる原価率は必須です。もちろん、お話ししてきたポジションや値頃感の想定を原価と突き合わせるのは当然のことです。でも、どんな想定をするのかがプライシングの基本になります。

そんな考えは１９８０年の倒産に至った経緯と無縁ではありません。お客さんを見ない値上げがどんなに怖いか、身をもって勉強したと言えるのかもしれません。

倒産前、店舗数が急増して、牛肉の調達が追いつかなくなっていました。仕方なくて、味が落ちる冷凍した牛肉や加工した牛肉を混ぜて、不足分を補っていました。最初は少しだけだったのが、だんだんと冷凍肉や加工肉の割合が増えていく。それでも肉の量が足りない。そこで当時の社長だった松田瑞穂さんは値上げして客数を落とそうとしたわけです。

味を落として値上げですから、確実に客数は減りますよね。一般常識では考えられない松田さん流のユニークな発想です。値上げで食数を少なくしてパイと見なした数に調整する。松田さんの本音のところではほかの要素もあったかもしれません。けれども、僕らが実際にコミュニケーションしていて解釈したのはそういうことです。「ほかの奴と違うことをやり続けなければダメ」としょっちゅう言っていましたね。それは大事ですが、この価格戦略が客離れを加速化させてしまい、倒産につながったのも事実です。

2004年2月に牛丼の販売を停止するに当たっても、この時の体験は忘れられませんでした。もし国産や豪州産の牛肉を使った価格の高い牛丼を売ったとして、あとで米国産牛肉を使った牛丼が戻ってきた時にどうなるか。再開後のシーンを、いろいろと頭の中でシミュレーションしました。その想定から逆算して、対策を練りました。それで、牛丼を売るために値上げするのではなく、我慢して別のことでしのいでいこうと結論を出したのです。

うちの場合、それほど牛丼の値上げには慎重にならざるを得ません。牛丼販売中止以降の値付けでは現実的に難しいのですが、テスト販売でお客さんの反応を確かめる作業も重要です。

2001年に始めた280円牛丼の値付けも、その前にテストを実施しました。それまで400円だった牛丼の価格にお客さんが価値を感じなくなっていたのは分かっていました。では、一体いくらにすれば、お客さんが吉野家の牛丼に納得してくれるのか。

2001年4月に実施した1週間の「250円セール」は、消費者の価格志向性を探る実験の一環でした。この結果、通常の3倍の来店客を集め、店舗から牛肉や米がなくなってしまうほどの反響がありました。「売り切れ店続出」と言えば聞こえはいいかもしれません。しかし、我々には敗北感しか残りませんでした。わざわざ店舗に来ていただいたお客さんに商品が提供できない事態を招いてしまったのですから。

値下げすれば集客力は高まるけれども、250円では仕組みがパンクしてしまう。営業が円滑にできて、お客様が満足する価格を探し出すために、10円刻みで価格を変えて牛丼を販売してみました。300円を上回ると客数が大きく落ちる、270円と280円では来店数にあまり差がないといった事実を踏まえて、280円に決めたのです。

◆値頃感は数で決まる

販売再開、牛丼380円のメカニズム

競合比較や原価積み上げではなく、自らのありようを踏まえ、値頃感をとらえて価格決定しよう

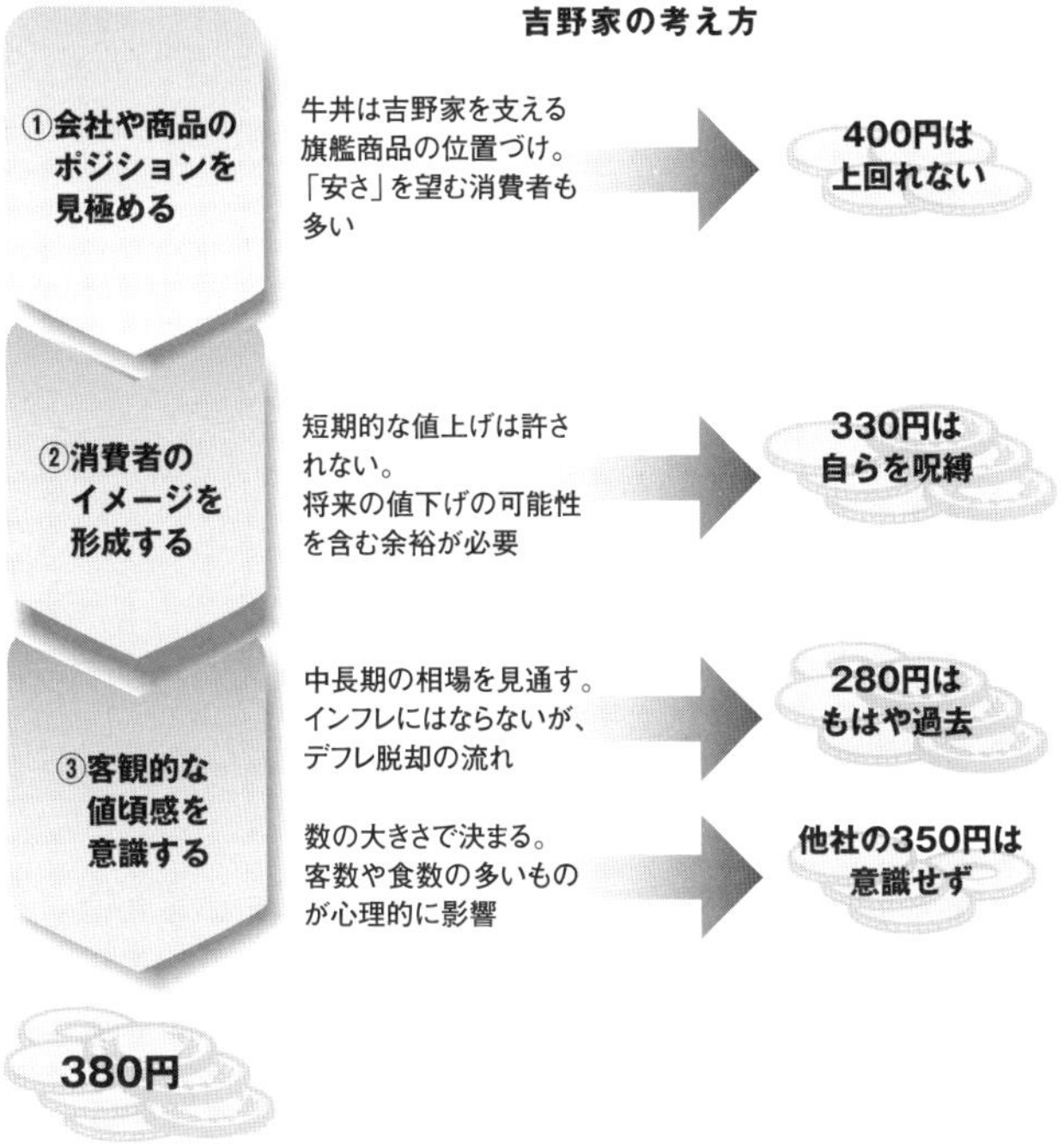

吉野家の考え方
①会社や商品のポジションを見極める
牛丼は吉野家を支える旗艦商品の位置づけ。「安さ」を望む消費者も多い
400円は上回れない
②消費者のイメージを形成する
短期的な値上げは許されない。将来の値下げの可能性を含む余裕が必要
330円は自らを呪縛
③客観的な値頃感を意識する
中長期の相場を見通す。インフレにはならないが、デフレ脱却の流れ
280円はもはや過去
数の大きさで決まる。客数や食数の多いものが心理的に影響
他社の350円は意識せず
380円

ドキュメント　その時、安部修仁は――3

再建請負人、和田繁明が惚れた人間味

1992年9月1日、安部修仁は42歳の若さで吉野家ディー・アンド・シーの社長に就任した。これを後押ししたのが、そごうと西武百貨店の再建を任されたミレニアムリテイリング会長の和田繁明だ。当時、和田は吉野家会長の職にあった。再建支援のために吉野家の株主となった旧セゾングループが、レストラン西武での再建経験を持つ和田を送り込んでいた。

なぜ和田は安部を社長に選んだのか。「きちんと仕事して、人望を積み重ねている人物に託そうと決めていたんですね。安部君は絶対に嘘は言わないし、スタンドプレーもしない。大衆をうならせるような演説をするやつではなくて、着実に堅実に誠実に1つのことをやり続ける。社員に心底ついていこうと思わせる実務を知っている人間は、安部君のほかにはいなかった」。和田はこう理由を話す。

旧セゾングループは支援当初、吉野家にビジネスモデルの転換を迫った。牛丼だけでなく、鉄火丼や親子丼もやれ。コーヒーや日本酒も出せ。女性客が増えるように店舗のイメージチェンジも必要だ…。これに対して、そんなことをしたら吉野家は絶対に立ち直れないと説き伏せたのが和田だった。

「安部君が私に説明した内容に説得力があったんです。多弁な、論理的な話をバンバンする男ではない。自然体で、実務から出てくる知識を淡々と話す。どの店でも同じ時間で同じ味を提供することを顧客に保証することが信頼につながるという彼が述べた一筋の思いに、私がその通りだと賛同したからバックアップしたわけです」

安部の資質を見抜いたのは、和田だけではない。83年3月、東京地方裁判所が吉野家の更生計画を認可、4月から新体制がスタートする。そこで、取締役として33歳の安部が名を連ねた。安部が取締役になる計画案に、東京地裁は

「若すぎる」と最初は反対したという。これを押し切ったのは、管財人の増岡章三と旧セゾングループ代表の堤清二が「身元保証人になる」と一歩も退かなかったためだ。

創業の精神を知る意味

これまで受けてきた支援に、安部は今も感謝の意を示し、義理を欠かさない。それは再建に関わった人だけではない。結果として吉野家を倒産に追いやった松田瑞穂に対しても、何ら変わらない尊敬の念を抱いている。

こんな安部の姿に、和田は「経営のヒントを得た」と明かす。

ミレニアムリテイリングの再建に当たって、和田はそごう心斎橋本店の屋上に創業者である十合伊兵衛の銅像を作り、西武百貨店には堤康次郎の銅像と写真を置いた。この取り組みの背景には、松田を慕う安部の存在があった。「企業再生では、創業者の遺伝子は絶たなきゃダメなんですよ。創業者が作ってきた仕組みや気風が、企業が病んでいる原因だから。過去の流れを断ち切って、新たなものを作るとみんなが決意する必要がある。ただ、潰れた会社は必ずもう1回、創業者をきちんと尊敬するところから始めなきゃいけない。創業の意図や精神を学習する。資本の論理で売られたり買われたりして、企業の始まりが何だったのか分かりませんではまずい」。

そして続ける。「私は見て見ぬふりをしていたけれど、安部君は吉野家の状況を松田さんにきちんと報告していたはず。これが、彼の素晴らしいところ。こういう人間味が、実は経営者をすごくでかくしている。こんなこと、教科書には書いていないんだよ」。

第4講

モチベーション

MBA講座では教えない
——安部修仁の

金言

「5%の社員が決める」

否定的な意見というやつは、本当に厄介なものです。

1980年に吉野家が倒産した時もそうでした。倒産の原因は、牛丼単品経営にあるという声がこれでもかと出ました。いわく、「味が飽きられた」「女性客を取り込めなかった」「早さ一辺倒では満足しない」…。

外部の小利口な評論家だけではありません。再建の過程において社内にも、「商品メニューを増やしたい」「店舗のデザインを一新したい」といった声が強くありました。失敗した理由を解説する否定論というのは、知的な意見のように聞こえがちだし、賛同しやすいところがあります。

会社組織には、必ず士気の高い社員がいます。どういう状況で何をやらせても、「やってよかった」と思うタイプです。自らの経験から何かを学んで、次に取り組む仕事に生かしていく。

彼らを「正」の存在とすれば、残念ながら、そうではないやつも会社にはいます。「負」の連中です。彼らはどういう状況にあっても、不平不満や愚痴といった否定論ばかり言っている。

ただし、どちらも全体から見れば例外的な存在です。割合にして、それぞれ5％でしょう。問題は、残り90％の大多数です。彼らは、トップマネジメントによって正にも、負にも行きます。環境が悪い時には負の連中が述べる否定論は皆も同調しやすいですから、放っておくと、過半数が負の連中に染まってダメな方向へ流れていってしまう。そうすると、社員が不満を抱えているだけの悪しき組織になる。

トップマネジメントが否定論を真に受けてしまって、ミスリードしてしまうケースは多いのではないかな、そういう気がしますね。特に悪しき状況では、世の中を見ていると、間違えた否定論が声高に唱えられていますから。

希望のタネは必ずある

管財人の増岡章三先生は、そのあたりの目の健全性を持っていました。弁護士で外食の専門家ではありませんから周囲の意見に左右されそうですが、実際はそうではありませんでした。既存店の売り上げが伸びている事実を見て、「今までのままで顧客の支持を受けることができる」と判断し、複数メニュー化や店舗デザインの変更などの提案には目を向けず、牛丼単品に磨きをかけていったのです。

トップが誤った否定論に惑わされずに健全な指示を出せるか、ミスリードしてしまうかで、結果は大きく変わってきます。それは、士気の高い社員が会社をリードできる組織になるか、不満を持つ社員に染まった組織になるか、トップマネジメントによってどちらにも転び得るからです。どうやって正論を機能させるかという判断やコントロールがトップマネジメントの重要なポイントです。

倒産当時、私は営業部長で、退職を希望する社員の引き留め役でした。「辞めたい」と申し出てきた社員の不満を聞き、それから「成功して辞めていった連中を見返してやろう」「これだけ人が抜けたのだから、今頑張れば、将来は幹部になれる」という具合に、ハッパをかけて何とか奮い立ってもらう。

今回の牛丼販売中止では「いずれ米国産牛肉が輸入再開となれば、戻ってくる」という期待が持てましたが、再建は本当に可能なのかどうかすら分からない。希望がほとんど持てない状態でした。

会社は本当に180度、転換しました。それまでは会社の成長が人の成長を促すというのが、事実上の創業者だった松田瑞穂さんの定義でした。「おまえら、会社はどんどん伸びるから、ポストがどんどん増える。昇格すれば、収入も増える」と。これがモチベーションの源だったわけですね。それが、倒産ですから。事業活動の目的が、数年間は借金を返していくこと、ですよ。どこの会社よりも成長が期待できない。

こんな環境でも、働く意義や楽しみを見いださないと、会社の再建なんてとてもできません。

どんなことでもエネルギーになるんですね。恵まれた環境とか、豊かな報酬とかはあまり関係がなくて、何に頑張れて何にしらけるかという普遍的なマインドは、基本的には変わらないと思います。どんな環境であっても、働く意義や楽しみはあります。一生懸命のタネはどこでもあるのですから、それさえ見つければ働けるということなんです。

最初の出発点は小さなエネルギーかもしれません。集団から見てマイノリティーで、ほかの連中は様子見しているだけかもしれません。けれども、続けていれば、周りはだんだんと触発されて輪が広がっていく。あるシェアを超えると、これまで負の連中に引

牛丼抜きの苦闘を振り返り、再開の喜びに沸いた決起集会

っ張られていた中からも、「まずい。うかうかしていられない。もしかしたら自分たちが置いていかれるかもしれない」となる。こうなれば、あとは時間の問題で、放っておいても会社組織の士気が高まっていきます。

正論が機能する土壌がいったん根づくと、それからは通り一遍で形だけ作るということが許されなくなります。これまでと矛盾したことは恥ずかしくて言えない雰囲気が生まれてくる。だから、理屈も実践も整合性があって、皆が腑に落ちる内容でないと社内に浸透しにくくなる。

逆に言えば、経営者である僕らは、社員から「美辞麗句を述べ立てるような、理解しにくい詭弁は言わせませんよ」という無言の圧力を受けています。思い返せば再建の時、社員同士が納得できない会社の方針に対しては、社内で大っぴらに大声で議論していました。増岡先生はプライドの高い人でしたが、現場でこんなやり取りをしていることについては、何も言わず、容認されていたんですよ。

こうした過程を経て、吉野家は経営者と社員が相対でコンセンサスを得ないと動かない集団に出来上がっていったのです。

問題発見を義務づける

今回の危機でも、苦しい環境で社員がモチベーションを高く保てるような工夫をしています。例えば、こんなことです。

吉野家では、牛丼販売中止の直後、本社スタッフを店舗に配置しました。本部スタッフを店舗に異動させるのに、彼らがかわいそうとか気の毒とか思うことはありません。一切考えませんから、躊躇することもない。考えるとしたら、「お客さんに迷惑をかけてはいけない」という点です。これは、吉野家にとって最もプライオリティーが高い思想の1つです。何があっても、ここに影響を与えないようにしなければなりません。久々に店舗に戻る社員も多かったので、3カ月間、研修してから送り出しました。

会社側の事情を明かせば、経費削減のために本部機能を小さくしなければならなかったのは確かです。とはいえ、店舗に戻る社員が「本社の〝口減らし〟のために、現場に行かされた」という被害感や押しつけられ感を持ってもらっては困ります。それではモチベーションが保てないからです。

そこで、彼らには研修の一環として、現場の様子をリポートで報告させることにしました。

現場でどういう問題が起きているのか。今までの取り組みがどのように現場に伝わって反映されて実行となっているのか。実際、自分が現場で働いてみると、愕然とすることがいっぱいあるんですよ。これを見つけてきて、自分にフィードバックする。現場を見ているつもりかもしれないけれど、体感してみると、いかに見ていなかったかということを発見する。正の連中は、こういった作業を繰り返しています。これをほかの社員にも浸透させていく。

そのためには、現場に行って、自分が本社で担当していた仕事に関わる問題を拾ってきて、それをスタッフワークとして生かすことを考えてもらう必要があります。だから、現場に行く社員には、問題意識をまとめるためにリポートの提出を課したわけです。

さらに、スキルが低い社員を育てていくには、能力以上の仕事量を任せる瞬間が出てきます。そこでは混乱も生じます。が、それを恐れていてはスキルアップが望めません。無理は禁物ですが、さりとて、手をこまぬいているといつまでたっても進化しないのです。どのタイミングで、どのぐらいの規模で仕事を任せることにするのか。これは割り切ってやるしかありません。こうした作業を繰り返すことが、進化した吉野家につながっていく。

「有効に活用しよう」と取り組んだ社員もいるでしょうし、終わって「やれやれ」と思った社員もいるでしょう。すべてが完璧だったとは思いませんが、私としては、やるべきことはやったかな、という気持ちはあります。

組織の90%は様子見。良くも悪くもなる

社員が納得できる正論が
機能する土壌を育もう

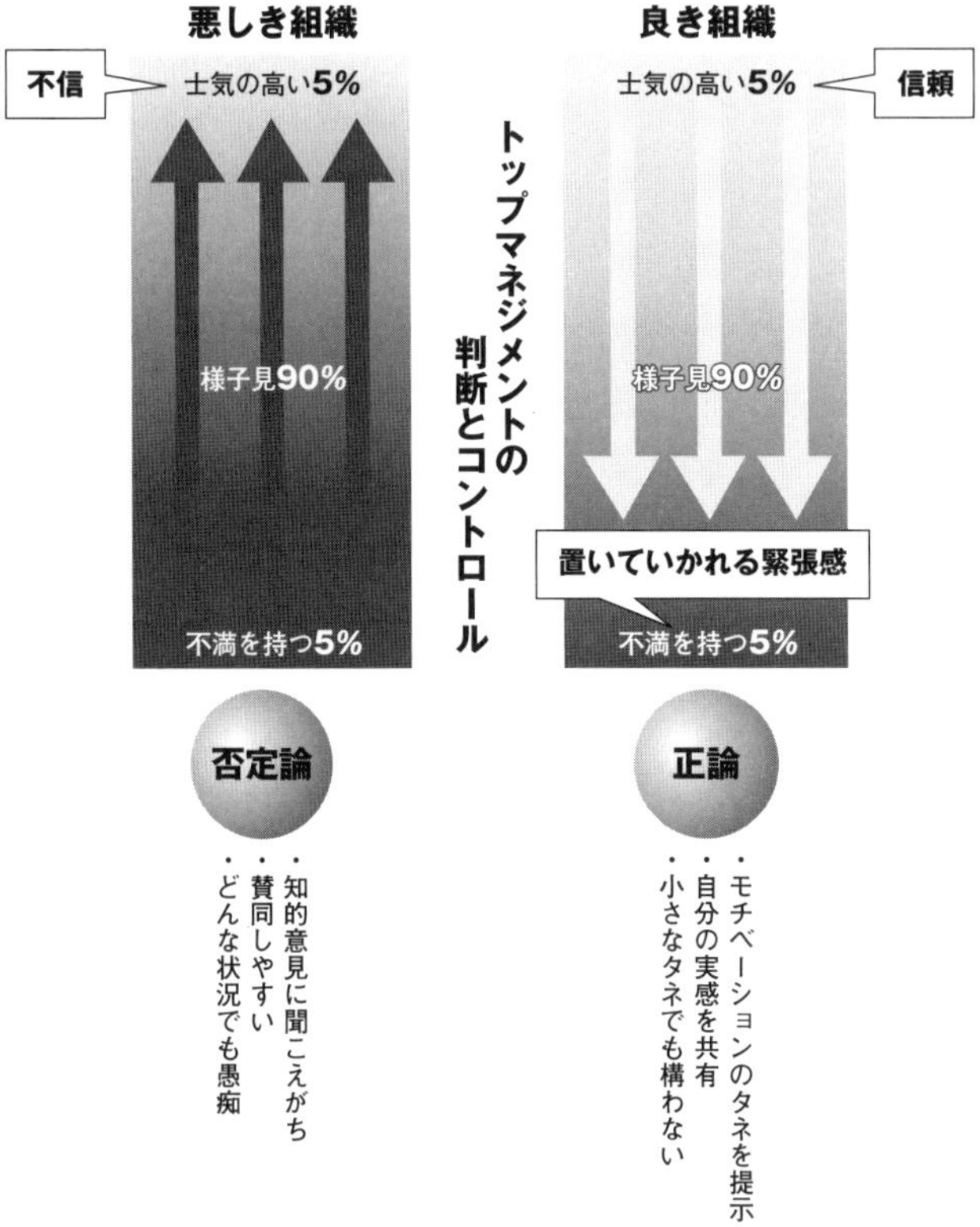

ドキュメント　その時、安部修仁は――4

豚丼の値上げには大勢が反対

わずか10円を巡って吉野家ディー・アンド・シーの経営幹部会が紛糾したことがある。２００５年10月に味を改めて発売した豚丼の値付けを巡ってのことだった。ほとんどの取締役が価格据え置きを主張する中、社長の安部修仁は10円の値上げにこだわった。安部は頑ななまでに大勢の意見に譲ろうとはしなかった。

従来の豚丼は、豚肉特有の臭みを取るためにゴボウを鍋に入れていた。しかし、鍋が煮詰まると、ゴボウの苦みが出てしまう。商品開発部はタレを改良し、ゴボウなしでも豚肉の臭みが出ない豚丼の開発に成功した。しかし、原価率が高まってしまう。

味は格段に良くなっていると全員が自信を持っていた。価格据え置きを主張する多数派は、客数の大幅な増加が見込めるため、原価の上昇分は客数増で補えるという考えだった。もう1つ、据え置きが勝るとされた理由は、競合との価格差だった。ほかの牛丼チェーンの豚丼は200円台後半、吉野家の豚丼は300円台だった。もともと他チェーンよりも高い商品を10円とはいえ、さらに値上げするのは、勇気がいる決断だった。

一方、安部の見立ては違った。値段を据え置いて、ポスターなどの広告宣伝で「豚丼がおいしくなりました」とアピールしても、あまり効果は期待できない。それよりも「10円値上げするほどおいしくなった」の方が消費者は関心を示すと考えた。

結局、新味の豚丼は10円値上げした330円での発売となる。値上げにもかかわらず、客数は増加した。販売数における豚丼の割合も従来の約45%から、50%を超えた。これにより既存店売上高は前年比3%増を記録、2006年2月期の連結経常利益は予想を5億円上回る21億円となった。

倒産理由を見誤った世間

大多数の意見が必ずしも正解とは限らない――。安部がこのことを痛感したのは1980年に倒産した直後のことだった。社員やアルバイトはもちろん、社外でも吉野家倒産の原因が議論されていた。圧倒的な主流派の言い分は、「牛丼だけの単品経営だったから行き詰まった」というものだった。吉野家の倒産を報じた新聞にもそんな解説が載った。「吉野家の再建には、メニューを牛丼以外に広げる必要がある」。多くの関係者が半ば常識のようにこう語っていた。

安部は周囲に満ちたそんな声にうんざりしていた。そうした声が吉野家の現実を知らない世まい言だと密かに確信していたからだ。それは安部自身の失敗体験から導かれたものだった。

倒産の前、安部は九州地区本部長を任されていた。客層を広げるため、九州地区だけで取り組んだのが別メニューの提供だった。牛丼だけでなく、うどんなども店に置いた。ところが、芳しい成果は上がらない。その時、中途半端な商品を置くよりも、売り物である牛丼に磨きをかける方が強くなると悟ったという。

そんなことも知らないのに、倒産の原因を単品経営に求める声が次々と広がる不思議。しかし、現実には、味、価格、接客の基本を取り戻すだけで客足は回復した。牛丼単品を貫いた結果、倒産時の80年には1店舗当たり年間売上高6800万円だったのが、85年には1億2000万円と倍近くなった。安部が信じていた通りの結果だった。

多数派が間違うこともある。こうした安部の姿勢もまた、倒産時の苦い体験の中で培われたものだ。

第5講

ブランディング

MBA講座では教えない
――安部修仁の金言

「変えてはならないものがある」

「短期間であっても中途半端な牛丼を売ったらブランドが棄損する。それなら今は苦しくてもやめた方がいい」

こう考えて、牛肉の在庫がなくなり次第、牛丼の販売を中止することを決めたのは、日本政府が米国産牛肉の輸入停止を発表した当日、2003年12月24日の午前中でした。中途半端な牛丼とは、吉野家の味の水準に達せず、価格も高い牛丼のことです。なぜ、輸入停止早々に、ブランドを棄損するような中途半端な牛丼しかできないと、私が判断できたのか。

実は、米国産牛肉が調達できないという事態を全く想定していなかったわけではありません。2001年10月に米国産以外の牛肉を使って吉野家の味を実現できるかどうかを調査する「ミートプロジェクト」を立ち上げていました。1年半かけて、担当者が全世界の牛肉の産地を回っていました。豪州、中国、ブラジルやアルゼンチンなど中南米…。米国以外にも、吉野家の牛丼に向いた牛肉は生産されています。しかし、圧倒的に量が足りない。

どんなに頑張って牛肉をかき集めても100店分ぐらいしか賄えそうになく、それだって2～3日持たないかもしれません。さらに、仕入れ価格が高くなることも分かりました。そのため、米国産以外の牛肉を使う試みは断念していました。

何も米国産牛肉でなくても、吉野家の牛丼を作るノウハウは社内にありました。ただ、全店では販売できない。量を確保するために、規格外の牛肉を混ぜてしまうと、味が劣化してしまう。仕入れコストの増加を考えると、価格も高く設定せざるを得ません。実際、輸入停止となってすぐに牛肉の相場が高騰しましたからね。

短期で判断する危険性

2004年秋に「すき家」「松屋」と相次いで、米国産以外の牛肉を採用して牛丼を再開、売り上げを伸ばしました。この時は刹那的に「牛丼をやりたい」と社内も加盟店も私も思いましたよ。「あんなもんじゃない。米国産でなくても、吉野家の牛丼を作れるんだ」という自負もありましたし。

「牛丼をやりたい」という思いを押しとどめたのは、「吉野家の牛丼というブランドを傷つけてはいけない」という一点に尽きます。吉野家の牛丼は、1899年に創業者が東京・日本橋にあった魚市場に店を開いたことから始まりました。店を継いだ創業者の息子、松田瑞穂さんがチェーン化し、今の牛丼の形に作り上げてきました。

それを受けて、今まで連綿と続いてきて、相当な固有の価値になっています。タレと牛肉、タマネギの量と調理時間のバランスを見極めて、消費者に飽きさせない味を作り上げました。2001年には400円から280円と価格を引き下げたことも追い風となり、牛丼の販売中止前は、1日に80万人が食べる商品となったわけですから。

僕らには、これを永遠にしていかなければならないという使命感があります。ですから、正直に言えば、牛丼と〝似て非なる〟豚丼さえも、メンタリティーとしてはやりたくなかった。吉野家の牛丼というブランドを健全に継承していかなければならないのに、ちょっと切羽詰まったからといって崩してしまって元の木阿弥にして、新たにゼロから始めるのは僕らの役割ではない。この観念は、社員も含めて皆が持っているんじゃないですかね。

企業は往々にして、何かを変えようとしたがります。しかし、私の考え方は、逆です。

まず変えるべきでないものを決めます。それ以外を変えていく。過去に分類整理したことがありますが、変えてはいけないものは膨大にあるわけではありません。

例えば、吉野家のコンセプトは「うまい、やすい、はやい」です。この3要素は変えません。お客さんの期待はここにありますから。

しかし、優先順位は、市場環境に応じて変えていきます。創業当初は「はやい、うまい、やすい」でした。まず、早さありき、だったのです。店舗数を増やしていくにつれて、松田さんは「安さが最優先だ」と言うようになりました。倒産を契機に、度を越した安さを見直して、味の向上に努めてきました。デフレ時代を迎えて、再び安さに焦点を当てました。

企業には変えてはいけないものがあるのです。人が代わっても価値が損なわれないようにすることに、大きな役割を担っていると感じています。

牛丼には愛着がありますから、私個人、いろいろな思いはあります。牛丼販売中止に伴う施策を決めていくうえで、判断の基準となったのが3年後、5年後、吉野家のブランドに対して、自分が取った措置が有効だったと評価できるかどうかということです。

経営は単年度の決算がすべてではありません。1年なんて、すぐに過ぎるものです。最後は判断ですから、どれが正しいとか正しくないとかは、時間がたってみないと分かりません。牛丼を再開してみて、お客さんからは、ありがたい反響があります。2006年9月18日は1日限定ですから、100万食であれば売り切れると思っていました。10月1日からは、5日間で計500万食です。どのぐらいの勢いで売れるのか…。不安もありましたが、実際に始まってみると、午後7時には大方の店で、牛丼の販売を終了しました。信頼回復という面では手応えを感じています。

私の体験からはっきり言えることがあります。それは、短期的に判断したら右となるテーマであっても、長期的に見ると左だったというケースが結構あるということです。しかも重要なテーマほど、長期と短期で判断が逆ということが多い。

私の場合、吉野家や京樽など、いろいろな失敗事例に直面してきました。長期的に考えれば間違えている施策でも、やっぱり短期的に目先の利益を追ってしまっている。1980年の倒産で言えば、松田さんが200店舗の次は300店舗と急成長路線で突っ走りました。とにかく店舗数を増やそうとしたため、売り上げが見込めない場所にまで出店しました。店舗数に見合った牛肉量を確保できず、調達コストが増加しました。そこで、コスト削減のために冷凍肉や加工肉を使用したり、タレを粉末に変更したりといった取り組みをして、味の劣化を招きました。

それでも出店戦略を続けていれば、チェーン全体としての売上高や利益額は増えていくのです。これが目を曇らせます。1店舗当たりの売上額や利益率は下がっていくので、最後には資金繰りに窮して、値上げを実施、これが客離れを加速させてしまうのです。

そして、会社更生法適用の申請です。吉野家のブランドは地に落ちてしまった。短期のレンジで経営判断する危険性をまさに物語っています。

裏目に出た「築地家」

ブランドを考えるうえで、過去に興味深い実験結果があります。吉野家では、95年に小商圏立地におけるビジネスモデルを開発するために、「築地家」という店舗を始めました。

小商圏モデルを模索した「築地家」は失敗に終わる

当時、吉野家の牛丼は４００円ですが、こちらは３５０円。量や材料は、吉野家と全く一緒です。商圏が狭い分、値段を下げて集客力を高めて、利益を確保する狙いです。

　もともと吉野家だった店舗を改装したのですが、結果は裏目に出ました。客数も売り上げも落ちてしまったのです。冗談みたいな話ですが、牛丼を食べて「吉野家の味をマネするな」と怒ったお客さんもいたほどです。仕方なく、吉野家に戻しました。価格も４００円と高くなったのですが、築地家よりも入客数が３割も増えました。これは、ブランド以外の何物でもありません。

同じ商品であっても、お客さんが知らないのだから存在していないのと同じというのが、築地家の事例で僕らが学んだことです。結果として、吉野家でないと、いい商品、いいサービスが生み出せないことが分かりました。

こうした現実が示すように、ブランドは、社員やお客さんなど皆が共有する価値観の象徴なのです。

一方で、「それさえあれば」となると、悪しき体質になってしまいます。ブランドに頼って、寄りかかっていると、どんどん退廃に向かってしまう。

ブランドを維持するという前提には、社内に理念や哲学、思想があって、それに準じて社員が発想したり実践したりする組織集団である必要があります。こうした集合体が活動の表現をブランドに託すのです。

まさに企業文化の集大成です。ですから、ブランドの確立には時間がかかりますし、僕らは継承していかなければならない。この意味で、ブランドは永遠の経営課題であり、トッププライオリティーと言えるのです。

◆変えてはならないものがある

ブランドとは何か——。しっかり定義すれば管理できる

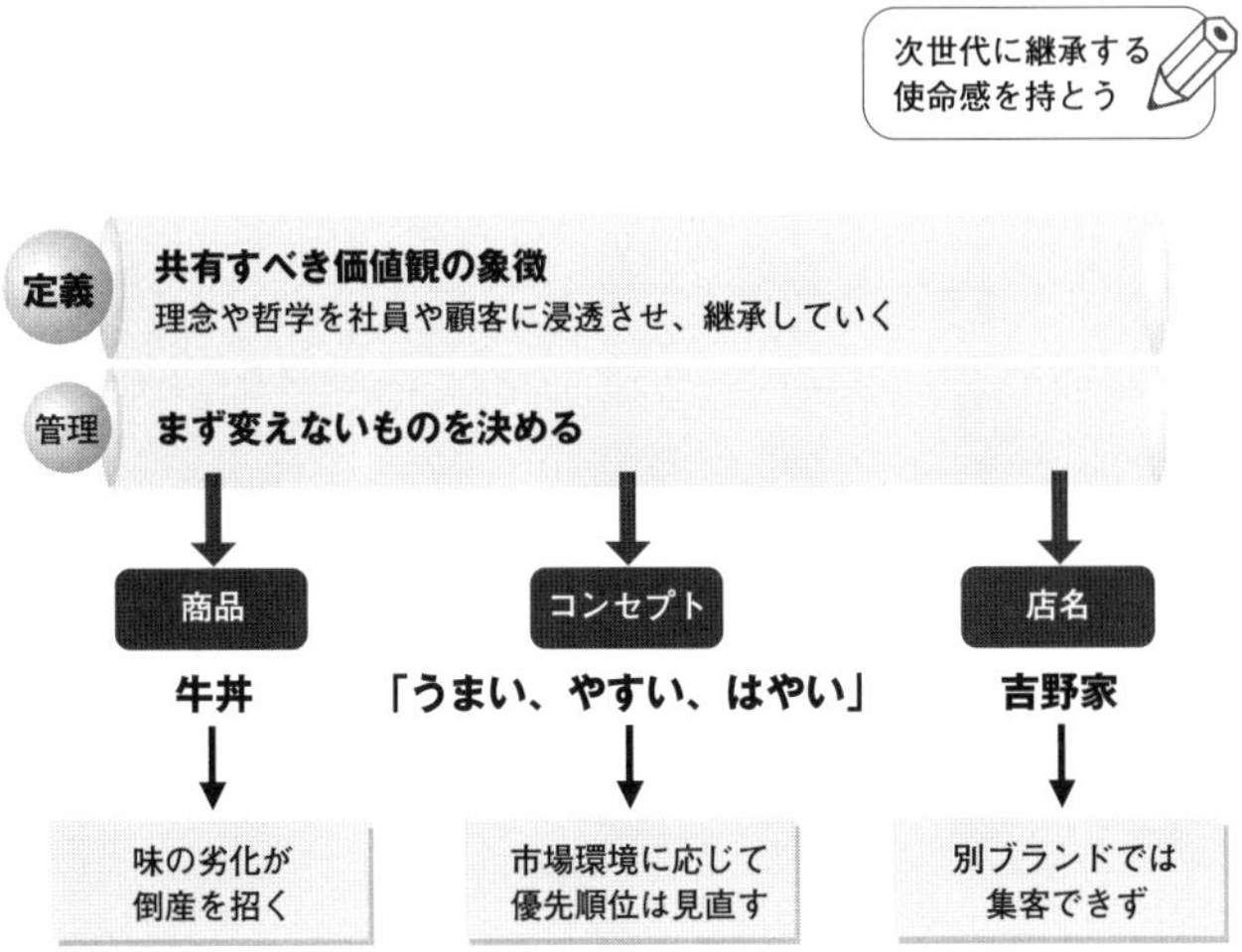

ドキュメント　その時、安部修仁は――5

育ててくれた恩義に応える

「僕が辞めたら、吉野家の火が消える」。はっきり安部修仁は言った――。元吉野家ディー・アンド・シー社員で柿安本店顧問の上垣清澄は、今も覚えている。

吉野家が1980年7月に会社更生法適用の申請を出す直前。資金繰りに行き詰まった社内は混乱していた。「部署に見慣れない人間がいる。調べてみると様子を探りに来た取引関係者。こんなことが日常茶飯事だった」と、上垣は当時を振り返る。

上垣は、吉野家救済に関心を示すダイエーとの交渉の窓口を務めていた。当時ダイエー社長だった中内㓛は乗り気だったが、吉野家の加盟店オーナーによる内紛によって破談となる。代わりにダイエーは上垣に「有望な幹部候補を紹介してほしい」と数人を指名した。そのうちの1人が安部だ。上垣が安部に意向を確認した時に、返ってきたのが冒頭の言葉だった。

なぜ安部が吉野家に残ると決断したのか。そこには、松田瑞穂に対する恩義があったからにほかならない。

松田は、東京・築地の吉野家を大繁盛店に育て上げる。50年代後半の様子を知るすかいらーく会長の横川竟は「当時の牛丼120円は高くて、僕は食べることができなかったが、店にはいつも行列ができていた。あんな店をやりたいと思っていた」と回顧する。

これに満足しない松田は、60年代後半からチェーン展開を志す。その過程で、経営コンサルタントから人材の必要性を説かれ、社員教育に心血を注ぐようになった。セミナーに通わせたり、米国留学に送ったりなど、惜しみなく教育に投資していた。「あと1億円利益があったらどうしますか」と尋ねられた松田は、「教育。全部、教育に回す」と即答したという。

見込んだ社員には、仕事のチャンスも与えた。20代半ばにして地区本部長となって、出店や仕入れ、採用など全権を任されたケースは珍しくない。もちろん、安部もその1人だ。

松田の墓前で失敗を詫びた

松田は社員を褒めることはめったになく、仕事に厳しい人物だった。それでも、社員は「オヤジ」と慕っていた。今でも松田の下で働いたメンバーは「瑞穂会」と称して集まっては、昔話に花を咲かせる。

「今の自分があるのは、松田さんのおかげ」。幼い頃に父親を亡くし、母親に育てられた安部にとって、ミュージシャンの夢をかなえられなかった自分に目をかけてくれて、社会人として一人前に育ててくれた松田はまさに父親代わりの存在だったのだろう。だから、倒産騒動の時、松田を裏切るような造反は許せなかった。

安部にとって、松田は大きな存在だ。会社更生法の適用申請によって、松田は吉野家を去る。それでも、複数の吉野家関係者が「安部さんのことだから、逐次、松田さんに吉野家の状況を報告していただろう」と推測する。98年8月13日、松田が死去した際には、安部は葬儀委員長として、東京・築地本願寺で盛大に弔った。

こんなエピソードもある。２００1年4月に牛丼２５０円セールを実施したところ、予想以上の来店客が訪れて、牛丼が足りなくなった。倒産の時でさえやめなかった24時間営業だが、この時は休業を余儀なくされた店舗も出た。営業休止という事態を招いたことに、安部は松田の墓前で詫びたという。「はやい、うまい、やすい」を掲げて24時間年中無休の吉野家を作り上げた松田イズム。これを安部は背負っている。

第6講

マーチャンダイジング

MBA講座では教えない
――安部修仁の
金言

「はやり廃りを超える」

商品、組織、出店。この3要素が外食チェーン経営に必須だと私は思っています。いい商品があって、オペレーションを含めて優れた組織マネジメントをして、良い立地に店を作っていけば、まあ儲かるんですよ。

企業には強さの特徴があります。すかいらーくは店舗開発型で、日本マクドナルドは人材開発型、私はこんな色分けをしています。

すかいらーくは、地主との直談判による建て貸しで、借り入れができなくても、店舗物件を開発していった。この手法をモデル化して、一気呵成に展開していったわけです。マクドナルドは、量、質ともに人材が潤沢でした。ブランドがあったし、藤田田さんは社員に高い報酬を払っていた。だから、比較的ポテンシャルの高い人材を採用できていたのです。

では、吉野家ディー・アンド・シーは何型か。吉野家の強さは、商品力にあります。いわばマーチャンダイジング（商品政策）型です。食材の調達から店舗での調理までバーティカル（垂直統合）に、どうすれば商品力を高められるかを徹底的にやっていくのが吉野家ウエーと言えます。

私が「吉野家はマーチャンダイジングの会社だ」と強く感じたのは、事実上の創業者である松田瑞穂さんがまさにマーチャンダイジングで突出した社長だったからです。とにかく牛丼という商品の競争力を高めるための努力は、尋常ではありませんでしたね。

ディテールを極める

社員だった我々が知らないところでも大変研究熱心な方でした。松田さんの息子さんに、こんな話を伺ったことがあります。毎週、日曜日になると息子さんは山梨県に連れていってもらった思い出があるそうです。子供の頃は「ありがたい」と思っていたらしいのですが、行く先は決まってワイン醸造所。要するに、松田さんは、牛丼のタレに最適なワインを探しに行っていたんですよ。毎週必ずです。恐ろしい話ですよね。

もちろん、牛肉についても取引先に言われるままなんてことはありませんでした。1962年には、牛肉を仕入れて加工する会社を設立しました。目的は、牛丼に使う肉を極めること。どの部位を使えばおいしいのか、幅や厚さはどのぐらいが適切なのか、いろいろと研究していたと聞きます。

それだけでは満足できなくて、北海道に牧場を作って、牛の飼育もやったそうです。飼料は何がいいか、ミカンの缶詰工場と搾りかすみたいなものを使えないかなどと交渉したという話も残っています。国産牛肉だけでは必要な量が賄えず、米国産牛肉を使うとなると、今度は米食肉加工会社を買収して、品質の確認や研究ができる体制を整えました。

松田さんは万事、こんな調子でした。私もいろいろな経営者とお会いしましたけれど、松田さんほど突き詰めてディテールを追いかけていく人は見たことがない。

食材にこだわる一方で、コストの合理化も徹底していきました。「あってもなくてもいいものは、なくたっていい」と。牛丼も最初は、すき焼き丼に近かった。それを「お客さんは牛肉が食べたいんだ」と言って、なるべく多くの牛肉を載せておいて、豆腐やこんにゃくなどは省くようになっていった。メニューについても、昔は天ぷらとかもありましたが、どんどん外していって、牛丼単品になった。

松田さんの凝り性がいろいろなところで反映されて、今の吉野家の牛丼が出来上がったわけです。

ですから、吉野家のスタイルは、創業以来、培われてきた牛丼作りに凝縮されていま す。お値打ち品を作るには、徹底的にマーチャンダイジングに力を注ぐしかない。この 松田さんの精神は、調達から店舗現場まで今も残っています。

よくありますよね。いろいろな品目を試してみて、「これが当たった、あれが当たった」と評価するマーケティング活動。私から見ると、この行為は、初動の単なる探りでしかありません。

本質的な活動は、ここから始まるのです。どんなメニューが受け入れられるかを調べるマーケティング活動は、取り扱う品目を選ぶためのセンサーに過ぎません。初動の商品が永遠であるはずがないのですから。素材も加工工程もレシピも改善して、良くしていかなければならない。

改善の連続で作り上げたものは、はやり廃りに左右されません。おいしいのは当たり前。それをいかに安くしていくか。これができれば、他社は簡単にマネはできません。

私はよく「『余人をもって代え難し』の存在にならないと、やっている意味がないんじ

吉野家は牛肉の厚みに0.1mm単位でこだわる（写真：時事通信）

ゃないか」と言います。これが目指すところです。

具体的には、商品の素材は世界中の産地を調べて何が一番いいかを求める、工場におけるセントラルキッチンでの処理と店舗での最終調理の組み合わせで味とコストの面で最も合理的で有効な方法を探し出すといった日々の取り組みです。

ほかの外食企業を見ると、食材の調達がブラックボックスになっているところも少なくありません。自分たちが必要とする食材の条件を商社や卸にいくつか提示する。商社や卸は産地から条件にかなうものを調達してくる。産地の現場がどうなっているか、皆目分かっていない。

しかし、食材の供給元である現場まで立ち入らない限り、品質的にもコスト的にも望ましいものはできません。例えば、吉野家が牛丼で使っているショートプレート（バラ肉）という部位。これは、以前「吉野家スペック」という名称で呼ばれていました。80年代半ば頃に、吉野家の商品開発担当者が米国に出かけていって、米食肉加工会社と一緒に牛丼に合う規格を新しく作ったためです。

店舗のオペレーションも、どの店でも吉野家の味が変わらないように、きめ細かく定めています。牛丼の並盛はご飯が２６０g、牛肉など具が85gと決めていて、目分量で正確に盛れるようにならないと担当できません。ご飯は固まりができないようにほぐしてから、2回に分けてふんわりとよそいます。

今回の牛丼再開でも工程を見直しました。その一例として、牛肉の厚さを休止前から０・１㎜薄くしたことがあります。輸入されている牛肉が若い牛で脂身が少ないため、食感が違っているためです。

ここまで追求して、卓抜なお値打ち感が実現できる。長い年月をかけて、試行錯誤をスピーディーに重ねてきた結果です。僕らにとってはこれが常識なので、もしかしたら他社とは感覚がちょっと違うかもしれません。

僕らのみと言ったら言いすぎかもしれません。でも、確実に牛丼を通じてお値打ち品作りに対する必須の条件が、僕らの体内には細胞として組み込まれていると思っています。

一定以上の利益は味に投資

もっとも牛丼の完成形が存在していることで、弱みもあります。それがあらわになったのが、ＢＳＥ（牛海綿状脳症）発生に伴う米国産牛肉の輸入停止でした。いくら鮭丼やマーボー丼など別メニューを出す時はつらかった。お客さんに対して「勘弁してくださ い」という気持ちでした。

緊急事態ですから、食材の仕入れがスポット取引になる。量を確保するのが最優先で、食材がメニューに最適かどうかを吟味する時間がない。店舗のキッチンも、牛丼を前提にした厨房機器しか置いていていない。スタッフも牛丼は作れても、ほかの料理については特に調理技術が優れているわけではない。ないない尽くしでした。それまで牛丼を前提にしたマーチャンダイジングの仕組みを構築していたのですから、突然、別の商品を扱ってもお値打ち感が出せるはずがないのです。

それでも、僕らは豚丼や定食を出して、今日までやってこられた。商品を絞り込んで改善を続けていけば、いずれお値打ち品となることを、経験上、知っていますから。これからは、牛丼のマーチャンダイジングを、ほかの商品でも生かしていかなければなりません。

倒産の経験を踏まえて、私は「はやい、うまい、やすい」の順だったモットーを、「うまい、やすい、はやい」と変えました。営業利益率は15%までとし、それ以上の利益は味の向上に投資するようにしました。

単なる価格競争であれば、資本力と規模が武器になります。しかし、それをもってしても太刀打ちできないものがあります。「味」です。これが競争力の生命線ですから、吉野家の価値基準として、おいしさをトッププライオリティーに置くわけです。

「営業利益率15%の牛丼」という圧倒的な価値を作り出す仕組み

目先のヒットを狙うより、「お値打ち感」の実現に注力しよう

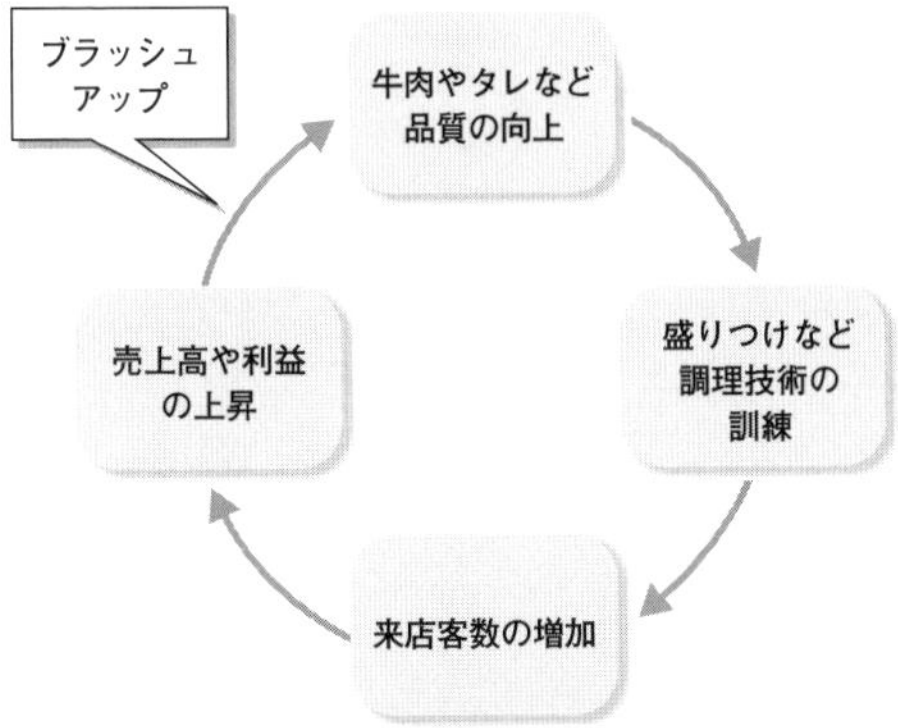

牛丼を磨き続ける吉野家

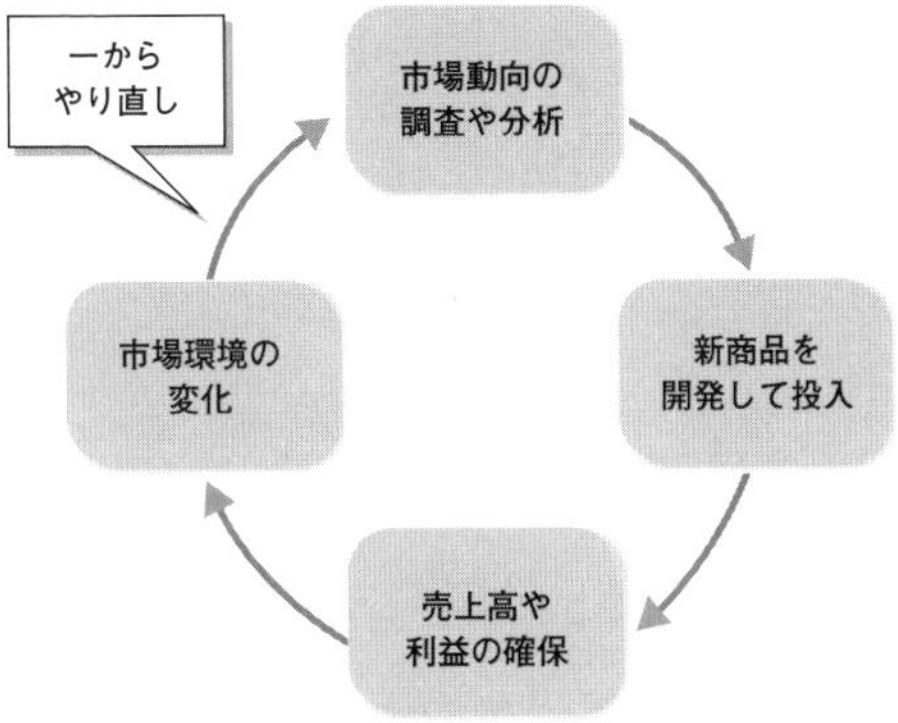

流行を追いかける会社

ドキュメント　その時、安部修仁は――6

1000人の注文を覚えた新人時代

吉野家ディー・アンド・シーの経営幹部会でのこと。誰からも意見が出てこない。安部修仁は声高に言った。「何か考えはないのか」。するると、1人が意を決したように切り出した。「だって、社長がすべて正解を言ってしまうじゃないですか」。

吉野家のすべてを知る男。それが安部だ。社歴はアルバイトに始まり、今は社長。現場から経営まで経験してきた。また、倒産や再建の過程を当事者としてつぶさに見てきた。

そんな安部の原点は、入社間もなく配属された吉野家第1号店、築地店（東京都）にある。

今も東京・築地市場内にあるこの店は、席数がわずか15席。営業時間は、市場で働く人々に合わせて、午前5時から午後1時まで。創業店として吉野家のシンボルであり、牛丼販売中止の間も国産などの牛肉を使って牛丼を提供し続けていた特別な店舗だ。

事実上の創業者、松田瑞穂は「築地店で年商1億円を目指す」と決意する。そのために必要な客数は1日1000人。店の規模から単純計算すると、8時間で66・6回転となる。1人の客が来店して食事して精算を済ませて出ていくまで約7分という驚異的なスピードを実現しなければいけない。

あまりにも無謀な目標だが、驚異的なオペレーションを編み出して年商1億円をクリアする。それが〝記憶オペレーション〟だ。築地市場内にあるために、来店する客は常連が多い。彼らは、いつも同じものを注文する。そこで、スタッフは常連客の顔と注文を覚えておく。店に入ってくるのを見て、牛丼を盛りつけする。席に座ると同時に、牛丼を目の前に置く。これで回転率を高めることができる。

客との間合いを知る

こんな店に安部は放り込まれる。牛丼だけだから、何とかなるのではないか――。そう考えるのは早計だ。

築地店は、常連の要望に応じた〝裏メニュー〟がある。食を扱う築地市場で働いているだけに、各自が味にこだわりを持っているためだ。ざっと挙げても、タレをたっぷりかけた「つゆだく」、肉だけ大盛りの「あたまの大盛」、ネギを多く入れた「ネギだく」…。肉の脂身部分を除いた「トロ抜き」なんていう注文まであった。いわば、来店する1000人が〝マイオーダー〟を持っている、そんな状態だった。

しかも、常連客は「店員が自分の注文を知っていて当然」と注文を発しない。間違って提供すると叱られる。

客との間に、そんな不思議な緊張感が流れる職場で、安部の仕事は、まず常連の注文を暗記することから始まった。特別な秘策はない。来店する人の顔と食事をひたすら覚えていく。3回来たら、もう常連の扱い。黙って牛丼を出せるように意識してカウンターに立っていた。安部が築地店にいたのはわずか3カ月だが、きちんと1000人に対応できるようになったという。

とても今では考えられない職人技。こうした安部の伝説は尽きない。「お客さんが持つ湯飲みの角度にまで注意を払っていた」という話も残っている。お客はお茶の残りが少なくなってくると、湯飲みを高く持ち上げてすするようになる。安部はお客の湯飲みの角度でタイミングを見計らって、お代わりのお茶を出すわけだ。来店客を満足させるために、ひたすら心を砕いた。

吉野家の売りである「うまい、やすい、はやい」は、こうした歴史から生まれた。これを体験したことが、経営者・安部にとって、貴重な財産となっている。

第7講

コミュニケーション

MBA講座では教えない
――安部修仁の

金言

「言葉は増幅して伝わる」

もしかしたら、現場の気持ちが折れてしまうかもしれない――。私がこんな心配を抱えて、一晩過ごしたのが2006年1月20日の夜でした。

この日、BSE（牛海綿状脳症）の原因物質が蓄積するとされている特定危険部位を除去していない米国産牛肉が、成田空港の検疫所で見つかりました。日本政府は、すぐさま米国産牛肉の輸入を止めました。

当時の正直な気持ちを明かすと、「参ったな」の一言です。いよいよ牛丼復活と、全員の気持ちが高揚しているタイミングでしたから。

2003年12月24日から始まった米国産牛肉の輸入停止措置で、吉野家ディー・アンド・シーが牛丼販売の中止を余儀なくされたのが2004年2月11日でした。それから2年。2005年12月に日本政府が輸入再開を決定したのを受けて、2006年2月11日から3日間、牛丼販売を予定していたのです。

しかし、事態が急変したため、計画は断念せざるを得ませんでした。ほとんど準備は終わっていましたので、本当は販売したかった。特に営業の連中は、この思いが強くありました。気持ちが高まっているところに、冷水を浴びせられた感じでしたね。

もちろん私自身も失意のどん底でしたが、経営者として考えなければいけないのは、やはり現場のことです。牛丼再開の計画が中止になることで、瞬間であれ何であれ気持ちは萎えるだろう、その後どういうふうに気持ちを切り替えてくれるか。この点が最大の関心事でした。

第一声で社員の意識は変わる

実務上は、そんなに難しい話ではないんです。牛丼販売を中止すると決めてしまえば、それに合わせて、やらなければならない作業は見えてきますから。

でも、単に作業内容を現場に伝えるだけではダメなんですね。緊急事態を乗り切るには、自分で主体的に行動する気持ちで歩いてもらう必要があります。人に言われた通りに左足を出して右足を出してでは、思考がどうしても後ろ向きのままになる。

現場に気持ちを切り替えてもらうために、経営者として第一声にどんなメッセージを発するか。私なりの結論が「アッタマ（頭）にきた」だったのです。

輸入再停止の問題は、米国の輸出条件違反という許し難い初歩的なミスが原因です。この期に及んで米国を擁護したり、弁解したりはあり得ません。うちの連中がどう感じているのか。「バカバカしいこと、やりやがって」ですよ。

この気持ちを共有できる一番使いやすい言葉、それが「アッタマにきた」。このメッセージを伝えることで現場が「自分の気持ちを社長が代弁してくれた。同じ思いを持っているんだ」と分かってくれれば怒りや憤りは落ち着くでしょう。気持ちをいったん整理する方向に行きます。そうすれば、次に何をしなければならないかということに意識が向かうでしょう。公式な声明文では「誠に遺憾に思っています」ですが、こう伝えたところで、誰も感情として共有できません。

しかも、トップの言葉は、下に伝わっていく過程で増幅していきます。初動のメッセージを誤ると、社内に動揺だけが広がってしまいかねません。そうなると、社員は気持ちを切り替えるどころではなくなります。

ですので、牛丼販売再開について経営幹部と議論した緊急会議の席上で、「アッタマにきた、ということを第一に言わなければいけないんだ」という話をしておきました。私のメッセージは、どの現場へも似通って伝わったようです。

例えば、西日本の営業責任者とは、電話だけで連絡を取り合っていました。「大丈夫です」との報告はありましたが、やはり心配です。指示を出した3日後に状況確認のため、大阪に行きました。西日本の連中を見て、安心しましたね。精神的に強いのか、それとも事態がよく分かっていないのか、どちらなんですかというぐらい（笑）。

メッセージの出し方に加えて、もう1つ意識したことがあります。それは、決断のスピードです。これも、現場の気持ちに影響する要因です。

経営上は、様子見して判断を先延ばしするという選択肢もなかったわけではありません。消費者の受け止め方や牛肉の調達量など、必ずしも十分な情報があったわけではないですから。いつ判断を下すべきか、思案はしていました。

もし現場が指示待ちになったとしたら、一体、何が起きるのか。大なり小なり、悶々としなければいけなくなります。私が早く結論を出せば、その分、早く気持ちを整理できるでしょう。こう考えて、中止する可能性が高いのであればそうしようと、踏ん切りをつけたわけです。

店頭での張り紙で、消費者に吉野家の安全に対する考え方や取り組みを訴えた（写真：PANA通信社）

不条理が身に染みた

社内のコミュニケーションであれば、論理的に問題を正しく認識して伝えれば、合意形成できます。厄介だったのは、米国産牛肉の輸入再開問題です。論理的に正しいことを主張しても、それが何ら解決につながらない社会システムに直面した気がします。「得体の知れない化け物との長期戦を強いられている」。

これが率直な思いで、とにかくフラストレーションがたまりました。

輸入停止措置が決まった当初から、私の主張は一貫して変わりません。食べ物が安全か危険かは、科学で裏づけられた絶対的な基準で決めるべきであって、何人たりとも曲げられません。一方、安心か不安かについては、人の情緒であって、一人ひとり違います。ルールの作りようがないはずです。

ところが、日本では、安全と安心が一緒くたになっていて、まともな議論がなかなか始まらなかったというのが私の認識です。「全頭検査で不安を払拭した」ことを理由に、安全についてきちんと議論する場を誰も設けなかった。本来ならば、BSE研究の先進国である欧州の見解などを参考に、客観的な機関も交えて議論すべきなのだけれども、そうはならなかった。

この理由として考えられるのは、立場の違いでしょう。行政にしてみれば、国内でBSEが発生した時に全頭検査を実施したのに、今度は「危険部位を除けば安全」と逆の説明をしなければならなくなるのだから、当然ためらいがあったでしょう。マスコミの報道も不安をあおる方がセンセーショナルになるし、ニュースを目にする読者や視聴者にしても不安ばかりが刷り込まれていく傾向が強い。ここぞとばかりに消費者団体として運動を展開する人たちもいたでしょう。言うまでもなく、誰かを責めるつもりは毛頭ありません。

ただ事実として、いろいろな要素が絡み合って、解決にこれほど時間がかかるはずがないであろう問題なのに、どんどん先送りされてしまった。すると、今度は輸入解禁という環境変化そのものに対する不安が生まれるという想定もしなかった現実が出てきてしまった。「これだけ問題が長期化しているのだから大変なことが起きているはずだ」という方向へ、社会全体が無意識に誘導されていくのです。

こうなると、不安をあおられて、真っ当な意見であっても抹殺されていく。不条理や理不尽さを感じ続けました。吉野家は内部留保があったからよかったのですが…。家業レベルで焼肉店などを営んでいた人は、ある種の犠牲者ですよ。彼らは、ある時期から自分たちの主張ができなくなってしまった。科学的見地に基づく安全論を声高に唱えるほど、逆に消費者の不安心理が拡大することに気づいたからです。

結局、家業レベルの飲食店は、何も言わないまま、ダメージだけが蓄積して、200

4年の夏頃から力尽きて倒れていった。こうした現実を目の当たりにして、社会そのものにある種のひずみがあることを初めて感じましたね。

この一件では、反省もあります。米国産牛肉の安全性について、吉野家にも多くの問い合わせが寄せられました。最初の頃は、安全性を理解してもらおうと、直筆の手紙で回答したり、説明に出向いたりしていました。

でも、世の中の風潮は変わらない。1年ぐらいたって、自らの正当性を周囲に押しつけようと躍起になっている自分に気がつきました。一企業の経営者でありながら、そんなことができると思っているのは、傲慢としか言いようがありません。

以来、吉野家を信じてついてきてくれる現場やお客さんに向けて、メッセージを発するように心がけています。この結果、経営幹部に言わせると「社内のまとまりが増した」そうです。確かに、現場では「社長は誰を相手にしているのだろう」と感じていたのでしょう。つくづくコミュニケーションの難しさを思い知りました。

トップの第一声が危機突破の決め手になる

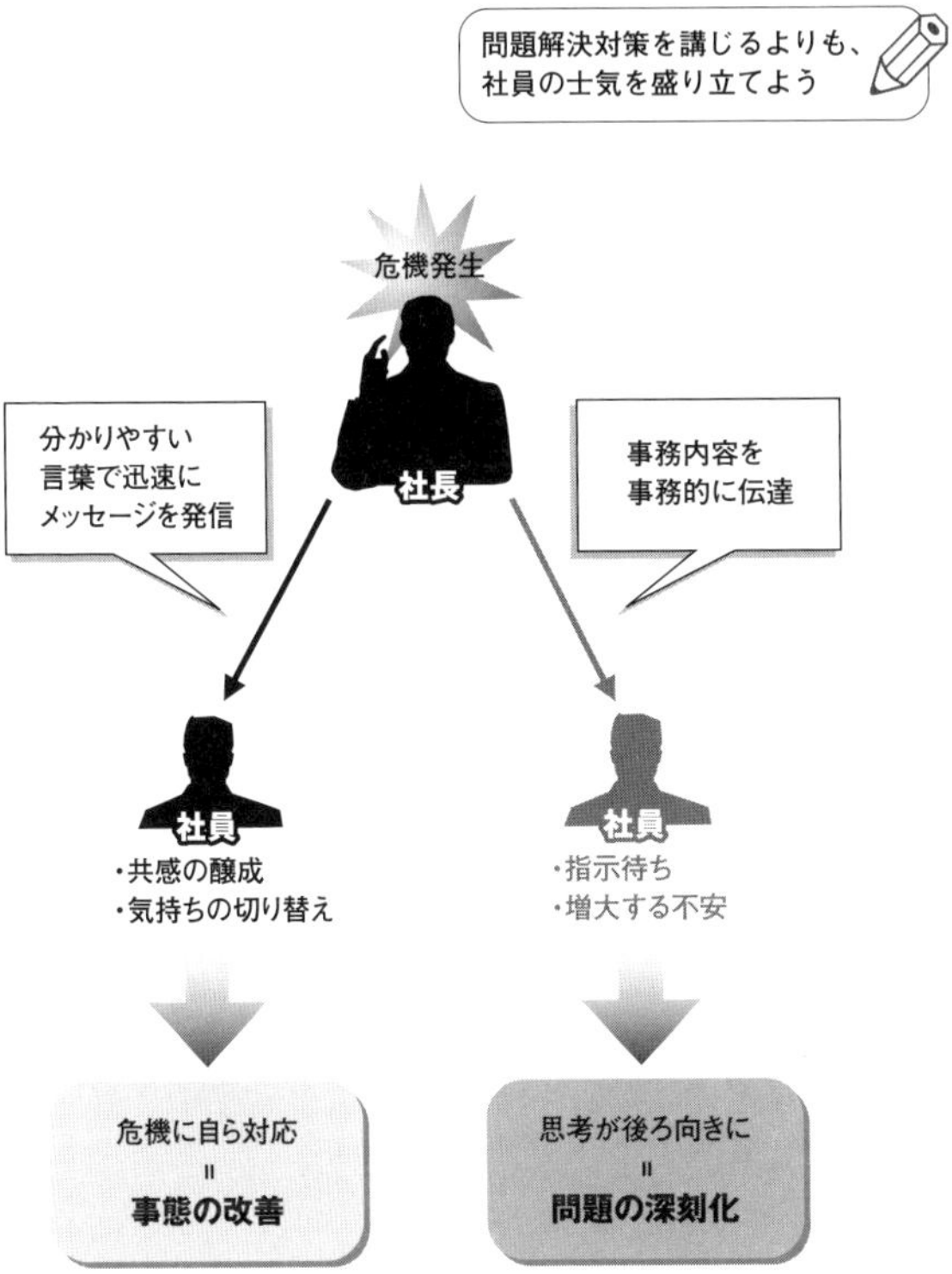

ドキュメント　その時、安部修仁は――7

絶妙な心遣いが共感を呼ぶ

株式上場を目前にして、突然の延期へ――。ネットバブルが弾け、ＩＴ（情報技術）関連株が急落した２０００年春。

ネクステル（現ネクシィーズ）社長の近藤太香巳は失意のどん底にいた。4月25日に東証マザーズ上場が決まって準備を進めていたにもかかわらず、その20日前に主幹事証券が市場環境の悪化で適正な公募価格の形成が困難と判断、上場延期を余儀なくされたのだ。

そんな近藤は、延期が発表になった夜、留守電メッセージを耳にする。

「つらいと思うけれど、大きな飛躍のための小さな試練です」

声の主は安部修仁。2人は、共通の知り合いの経営者の紹介で1年ほど前に出会ったばかりだった。安部よりも20歳近く年下の近藤だが、「最初から友人として接してくれて」（近藤）、すぐに意気投合したという。

思わぬ安部の励ましに感激した近藤だったが、話はこれだけでは終わらない。近藤はその年の6月に投資ファンドから30億円を調達して、再び上場を目指して動き出す。

その時になって、安部から1冊の本が送られてきた。タイトルは『ドキュメント 吉野家再建』。倒産に至る経緯と、会社更生法手続き終結までの再建の過程を克明に描いている。

１９６７年生まれの近藤は驚いた。それまで吉野家が倒産した事実を知らなかった。

「本を読んで、初めて安部さんの言葉の重みが分かった。兄貴であり、親友であり、尊敬する経営者。何でも相談できる」。こう言って安部を慕う近藤は、２００２年３月にナスダック・ジャパン（現ヘラクレス）上場を経て、２００４年11月には東京証券取引所第１部上場を果たす。

「おまえならクリアできる」

安部の絶妙な心遣いに救われたのは、近藤だけではない。

「おまえ、ちゃんと会社やっているか」。宅配ピザを展開するストロベリーコーンズ（東京都）の社長、宮下雅光は、突然、安部に声をかけられて驚いた。米国進出やＩＴ関連など多角化と事業を広げたものの、思うように収益が上がらない。宮下は参っていた。それまで10億円程度だった借入金が、２００１年頃には30億円へ膨れ上がっていた。宮下が会社存続の自信を失っていたことに、安部は顔色を見て気づいて心配したのだった。

宮下から状況を聞いた安部は、事もなげにこう言った。「何かあったら、いつでも相談してこいよ。1億円や2億円なら用立てするから」。そして、最後にこうつけ加えた。「でも、おまえは強いやつだからな。人間性でクリアできるだろ」。「最後の一言で、『よし、頑張ろう』と燃えた」。宮下は当時の心境をこう明かす。以後、事業の再構築や人員整理に取り組み、今では借入金を半分に減らした。着々と株式上場の準備を進めている段階だ。

もともと安部は面倒見が良いタイプだ。「倒産した吉野家に安部さんや私が残ったのは、部下がいたから。彼らを見捨てて、放り出してしまうわけにはいかなかった」。安部と同時期に入社、吉野家ディー・アンド・シー元副社長で、西洋フードシステムズ（東京都）の社長となった幸島武は、倒産会社の再建という苦難の道を選んだ理由をこう話す。

安部は、カリスマが強烈なオーラで人を惹きつけるのとは違う。至って気さくで、初対面であっても人なつっこく話しかけてくる。それでいて、鋭い観察眼で相手を見つめていて、さりげなく救いの手を差し伸べる。こんな優しさを持つ安部に周囲は一目置き、自然とリーダーに押し上げている。

第8講

ファイナンス

MBA講座では教えない
——安部修仁の

金言

「キャッシュが一番の拠り所」

「2～3年は商売しなくても、社員の給料は払えます」。牛丼の販売を中止した際に、私はこう発言しました。当時、吉野家ディー・アンド・シーには300億円のキャッシュがありました。財務基盤がしっかりしていましたから、本音を明かすと1980年の倒産時よりは楽観視していました。金融機関も、うちの財務状況を知っていますから「支援は必要ないでしょう」という認識でしたね。

問題は、現場です。会社の財務なんて、前線に行けば行くほど、立場としても知識としても分からない。当然のことです。そうすると、「売り上げが減れば会社は潰れる」という世間のイメージが直結して、現場は第一感として「もしかしたら潰れるかもしれない」との恐怖があったんじゃないかと私は思います。それで浮足立たれては困ります。だから、「給料は払えるから安心しろ」と社員にメッセージしたのです。ひんしゅくを買った面もあるようですが、必要なメッセージだったと思っています。

財務的には盤石でしたが、牛丼販売中止の影響が直撃した2005年2月期の連結決算では、会社更生法の適用を申請した1980年11月期以来、24年ぶりの最終赤字となりました。このため、「牛丼以外に主力商品を作らなかった経営に欠陥があったのではないか」といった指摘がありました。アナリストからは「キャッシュを遊ばせているだけだ」というご意見も頂きます。

非難はそのままお受けします。そのうえで、吉野家のファイナンスに対する考え方をお話ししましょう。

オリジナリティーとROI

吉野家では、今回のような緊急事態の時に赤字にならないように、平時からリスクヘッジするということはありません。リスクヘッジを考えて経営すると、結果として客数も売り上げもそこそこというビジネスモデルにしかならない。だったら、何も吉野家がやらなくていいのです。

我々はオリジナリティーのある突出した存在感を求め、ROI（投下資本利益率）の向上を図ってきた。この2つを追いかけていくことが軸になっているんですね。牛丼単品経営は確かにリスキーですが、このリスクを取り続けたことで、1日に1店舗当たりの来店客数が800人という突出したビジネスモデルを作り上げることに成功したという自負があります。

実は、これがリスクヘッジにもなっているのです。オリジナリティーとROIという我々の考え方を、仮の数字で説明しましょう。圧倒的な競争優位を持つ吉野家の牛丼が1店舗の年間売上高が1億円だとすれば、普通の食堂だったら8000万円ぐらいでしょう。うちは利益率10%だとして1年で1000万円の利益を得る。食堂は外食産業の平均である5%として、利益は400万円になる。これが10年続けば、うちは1億円、食堂は4000万円の蓄積になります。11年目にリスクが顕在化して、うちは1000万円の赤字になったとしても、累積では9000万円残っている。食堂はそのままの利益が継続したとして4400万円です。

確かに1年間は赤字だったとしても、キャッシュの蓄積があります。それを食い潰す前にうちの連中だったら、食堂の水準には追いつけると思っていたんですね。さすがに1年で営業利益率5%は行きませんでしたが、それでも半年で黒字化は達成しました。

牛丼単品経営は、はたからはリスキーに見えたかもしれません。だけれども、我々はリスクテークしてオリジナリティーを磨き上げて、高い収益性を実現しました。それを積み上げてきて、財務的に盤石なストックを持っていたのです。だから、資金繰りは心配しなくて済みました。

牛丼販売中止の後、瞬間的にキャッシュが100億円を割ったことがあったかな。300億円あったキャッシュが3分の1になったわけですから、やはり不安にはなりますよ。でも、これは「持てるものの不安」でしょう。こんなこと、当人が言うと嫌みになるので勘弁してほしいんですけれどね（笑）。

加盟店に損させない

今回の牛丼販売中止で、僕らが考えたのは、加盟店に迷惑をかけないということです。倒産した時には、加盟店の方にも被害が及びました。パッと頭を巡りましたよ。加盟店が立ち行かなくなったら、うちが正当な価格で買い取らないといけない。加盟店が約400あって、ざっくりと1店当たりで最大4000万円と見積もれば最大で160億円

吉野家の2店目は、加盟店オーナーによる出店だった

が必要になります。そのほか、いろいろと考えると、２４０億円ぐらいあれば何とかなると思いました。

それを踏まえて、うちが加盟店に対してできること、できないことを明快にしました。できないことに期待を持たせて、うやむやにしているのが関係をおかしくするんです。

やったことは、まず緊急援助措置として、無条件に１店当たり３００万円まで無利子で融資しました。ところが、なかなか米国産牛肉の輸入が再開されない。加盟店は売り上げも利益も落ち込んでいるので、体力的に厳しいわけです。追加措置で、うちが買い取る評価額の7掛けまで無利子で融資しました。また、売り上げの1％を販売促進奨励金という形で提供しました。

それから、資金繰りが続かなさそうな加盟店に対しては、譲渡の申し入れがあったらスピーディーに実行する旨を伝えました。本部が加盟店に呼びかける類の話でないことは分かっています。続ける、続けないは加盟店の判断だし、みんな続けたいと願っています。でも、牛丼再開の見通しが立たない中でキャッシュアウトしても我慢して、借金を膨らませてしまうのは最悪なパターンです。これを未然に防ぎたかった。

加盟店との契約だけを考えれば、そこまでする必要はありません。でも、長いつき合いだしね。牛丼販売中止で加盟店から造反みたいなことを含めていろいろあるだろうと覚悟していたのですが、そんなことはなく、整然とついてきてくれた。ですから、ほかのステークホルダー（利害関係者）の被害にならない合理性の範囲で、やれることはやっていきたいというのはありました。

一連の施策で、加盟店に実損を与えていないという自負はあるんです。いつやめても吉野家の加盟店でいて不利になったとはしないチャンスは提供しますよと。言ってみれば、我々は最善を尽くすから、文句は言わないでほしいというコンセンサスを作った。これだって、フリーキャッシュフローの蓄積があるからできる話です。

本当に、気持ちの余裕やら、判断の拠り所やら、キャッシュは一番心強いバックグラウンドでしたね。2004年11月に転換社債型新株予約権付社債（CB）の発行で100億円を調達したのも、こうした考えが背景にあります。流動性を担保に、リスクに備える。うちの財務担当の専務は江戸っ子らしく、「いざという時はカネだよ、カネ」という言い方をするんです。確かにそうなんでしょうね。

1980年の倒産時を振り返ると、財務的に脆弱でした。再建といっても、会社更生法が適用されるかどうか分からない状態で、負債の返済から始まったわけですから。

事実上の創業者、松田瑞穂さんは、財務には楽観的だったんじゃないですかね。倒産前にも何回か訪れた経営危機を独力で乗り越えてきた経験があったから、「今回もどうにかなる」と思っていたんでしょう。未来志向が強く、大きなビジョンを作って、そこに遮二無二持っていくことに精力を注いでいました。

ところが、加盟店制度が曲者だった。加盟店数を増やせば増やすほど、加盟金やロイヤルティー収入、食材供給などでうちの売上高と利益は増える。店舗が黒字だろうと、赤字だろうと関係ありません。しかも、倒産前の制度では、食材だけでなく、店舗で働く人材まで本部から派遣していたんです。だから、加盟店のオーナーは、不動産と資金さえ提供すればよくて、あとは本部で面倒を見ていました。ほかにも複雑な出店戦略の話になるのですが、いざとなったら肩代わりするみたいな金融措置を用意して店舗を作らせるようなスキームまでありましたからね。

不動産は一切持ちませんでした。債務超過のリスクには臆病で、キャッシュフローを使ってビジネスを展開していました。しかし、強烈な成長志向で突っ走っていって、最後に資金繰りに窮してしまった。

イトーヨーカ堂の伊藤雅俊さんのような典型的なフローのビジネススキームでありながら、感覚的には不動産を持たない中内㓛（ダイエー創業者）だったんですね。

流動資金の確保で会社を守る

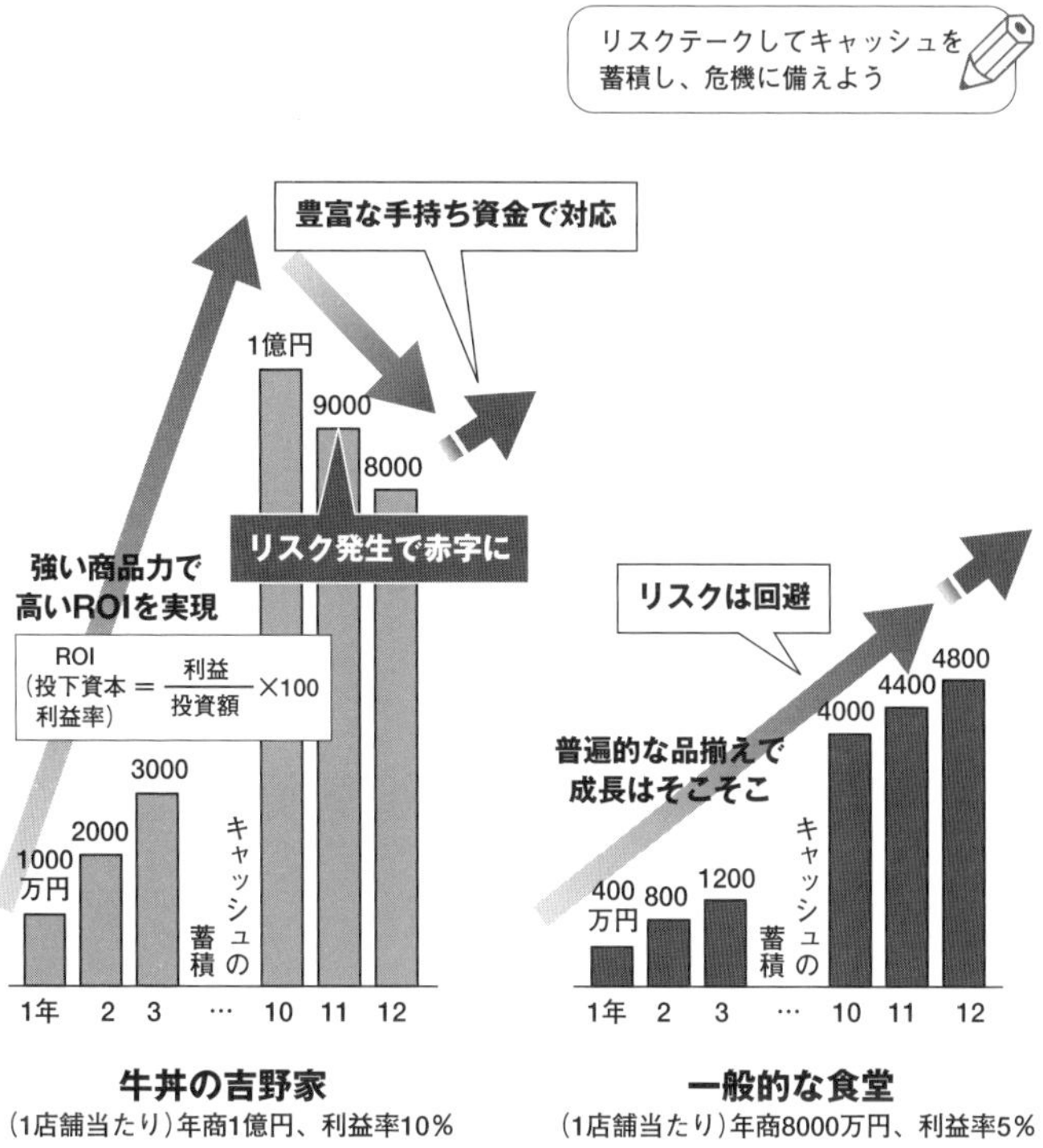
リスクテークしてキャッシュを
蓄積し、危機に備えよう
豊富な手持ち資金で対応
1億円
9000
8000
リスク発生で赤字に
強い商品力で
高いROIを実現
ROI
(投下資本 = 利益/投資額 ×100
利益率)
3000
2000
1000
万円
キャッシュの
蓄積
1年 2 3 … 10 11 12
牛丼の吉野家
(1店舗当たり)年商1億円、利益率10%
リスクは回避
4800
4400
4000
普遍的な品揃えで
成長はそこそこ
1200
800
400
万円
キャッシュの
蓄積
1年 2 3 … 10 11 12
一般的な食堂
(1店舗当たり)年商8000万円、利益率5%

ドキュメント　その時、安部修仁は――8

あふれる闘志で主張を貫く

普段は温和な安部修仁だが、内には闘志を秘めている。「誰にも媚びない代わりに、助けも求めない。自分たちで解決するという覚悟を持った集団が吉野家だった」。経営コンサルティング会社フランチャイズアドバンテージ（東京都）の社長、田嶋雅美は、10年近く前、初めて安部と出会った頃の思い出をこう振り返る。

当時、吉野家ディー・アンド・シーは旧セゾングループの一員。管財人の増岡章三と旧セゾングループ代表の堤清二が高校、大学の同窓だった縁があって支援が決まった。しかし、両社の経営に対する考えは〝水と油〟だった。流行の最先端を取り入れて生活文化を標榜するセゾンの中で、昔ながらの牛丼単品を貫く吉野家は明らかに異質な存在だった。自らの正しさを相手に認めさせるには、実績で証明するしかない。そんな雰囲気を醸し出していたという。「誰にも遠慮せずに、自分が納得できるように運営した方がいい」。安部は、「無印良品」ブランドで知られる良品計画社長の松井忠三にこんなアドバイスを送っている。

良品計画は、2002年2月期の業績が急激に悪化した。既存店の売上高は前年比13％減となり、連結純利益は前期の56億円からわずか1300万円に落ち込んだ。立て直しの任を負うことになった松井は、安部を社外取締役として招聘した。

経営役員会で議長を務める松井はまだ経営者として駆け出しだったため、「皆に意見を出してもらい、民主的に運営しなければならない」と萎縮気味だった。安部は、そんな建前論を嫌った。「社長と各部門の責任者が本音で議論して決めればいい」。

「安部さん自身、セゾンから錚々たる人が来て、当初は〝裃〟を着ていたようだ。でも、民主的がいいわけではないと思った時期があったのだろう。この話を聞いて、自分も気が楽になった」。こう心境を明かす松井にとって、今も忘れられない出来事となっている。

身を張って社員を守る

自分が正しいと思ったら、それは守り抜く。安部の負けん気の強さは昔からだ。福岡県立香椎工業高校時代はラグビー部で、司令塔であるスタンドオフを任されていた。「ゲームメーカーで、自分が倒されたらチームが負ける。責任あるポジションだけに、冷静沈着な判断力と同時に、闘争心を持っていなければ務まらない」（安部の幼なじみで慶応義塾大学ラグビー部の主将にもなった福岡地所副社長の藤賢一）。

チームは、県大会準決勝で敗れた。相手は全国制覇した強豪校。思い出を語る安部の言葉にも負けん気がちらりとのぞく。「全国大会でも他校をシャットアウトしていた。けれども、うちは十何点は取っていた」…。

ＢＳＥ（牛海綿状脳症）問題に対して逃げずに、安全性を主張し続けた安部に、「経営者のあるべき姿を見た」という経営者は多い。

ユニクロ前社長でリヴァンプ（東京都）の代表、玉塚元一もその1人だ。安部は松田瑞穂、玉塚は柳井正という強烈な成長志向を持つ実質創業者の下で、目標と現場のギャップを埋める役割を果たしてきたという共通項がある。玉塚がユニクロを去る決断をした時、安部は食事に誘って苦労をねぎらった。

玉塚は「身を張って社員を守る。素晴らしいよね」と、安部への尊敬の念を明かす。安部の闘志は、吉野家の団結力の証しでもある。

第9講

M&A（企業の合併・買収）

MBA講座では教えない
――安部修仁の金言

「時価総額経営と一線を画す」

吉野家ディー・アンド・シーが手がけたM&A（企業の合併・買収）には、2005年9月にジャスダック証券取引所に上場した京樽、うどんチェーンのはなまる（東京都）、中華宅配の上海エクスプレス（東京都）、韓国料理のファストフード石焼ビビンパ（東京都）などがあります。

M&Aの対象とする会社は、成長が速くなるとか、内部の充実を図るとか、僕らが関わるメリットを相手が得られること。これがないと、意味がないとまでは言いませんが、意義が薄い。

1999年4月に発表した京樽支援もそうでした。京樽は、97年に1013億円の負債を抱えて、会社更生法の適用を申請しました。支援当初は、不平不満ばかりで、未来に希望のない寿司集団でした。それでも僕らの目には、「オリジナリティーのある商品を持っているのだから、もっと良くできるはず」と映っていました。

支援の話を持ちかけられ、議論の末、「うちにはやる使命がある」という結論に至りました。吉野家には、倒産と再建の経験があります。そして、京樽のために良かれということだけに純粋に機能する自負がありました。

それは、僕らにも当初、いわゆる〝セゾンアレルギー〟があったからです。もちろん、再建を支援していただいた旧セゾングループから学んだことはたくさんあります。それまでの吉野家は牛丼だけの会社で、店舗空間や服装など商品力以外での来店モチベーションについて無頓着でしたから。一方で、セゾンが何と言おうと、牛丼単品を変えるつもりは全くなかった。

支援される側の心情はよく理解できます。いくら僕らが100%のピュアさで接しても、相手は半分ぐらいしか理解しない。どこかでアレルギーを感じている。相当な期間がたって、やっと「俺たちの味方だな」と思ってもらえることは、支援する前から分かっていました。

企業再建の場合、支援する側が、無理やり相手を活用するような働きかけをしてはいけないのです。資本の論理を振りかざして影響力を持つ親会社の立場で権利を行使しても、自らの利益が相手の不利益になった途端、間違いなく両方の不利益になってしまう。相手への配分を薄くしておいて、「俺たちは正しいのだから我慢しろ」というのは、私に言わせれば搾取です。

こういうことを再建の過程で知っているから、支援先が良くならない限り、やっている意味はないという思想をみんなが美意識として共有しています。この精神はM&A案件の判断基準として、必要条件として僕らには存在しています。

逆に言えば、僕らが関わっても相手が良くならない対象には手を出しません。具体的には、消費者が限られる高級領域やファッションのようなはやり廃りがあるものは、やらないと決めています。こうした業態はうちの技術論や方法論が通じませんから、ほかの会社に任せた方がいいというわけです。

出向した社員はみんな進化

吉野家がM&Aする狙いとしては、キャピタルゲイン（値上がり益）があります。これが成立しないと、出資についてステークホルダー（利害関係者）への説明責任を果たせません。

もう1つ、人材の育成も重要な目的です。出資先には、吉野家から期待の人材ばかりを送っています。武者修行と言いましょうか。能力の幅や深みを、異能の体験を通じて身につけてもらいたいと考えています。

異能の体験とは、吉野家と別の会社で違う仕事をするというだけではありません。規模が比較的小さいアーリーステージの会社が必要とする人材像と、ある程度の規模になって安定成長している会社が求める人材像は異なります。ここがポイントです。吉野家は、作業区分がはっきりしていて、個人の職域が狭くなっています。

アーリーステージでは、自分ですべて処理しなければいけません。ですから、仕事の進め方や問題意識は、吉野家にいる時とは違う視点を持つ必要があります。吉野家の人間は、人事制度や評価システムなどの話をしたがります。でも、アーリーステージで問われる内容は、例えるなら、雑木林でどちらを目指すのが一番いいのか、どう切り開いていくのかというようなことです。まだ道がないところにいる。そこで制度やシステムを議論しても、電車のレールの材質をどうこう言っているのと同じで意味がありません。

表層的には同じ現象に見えたとしても、吉野家とアーリーステージで発想や行動のパターンを全く変えないと対応できません。こんな環境に身を置くことで広い視野で判断する能力が鍛えられるので、吉野家で働く5年分に相当する経験を1年に凝縮できる。まさに、経営者教育の場の提供です。僕ら自身もそうでした。吉野家を大きくしていく過程で、いろいろと学んできました。座学で得なければならないセオリーはありますが、仕事を通じた体験も欠かせません。自分が発想したことの失敗と成功を数多く体感してこそ仕事の能力が磨かれていくと、つくづく思いますね。

ですから、企業買収にこだわりません。ステーキ店チェーン「ペッパーランチ」のペッパーフードサービスは約7％の株式所有で、マジョリティーではありません。これからの成長が見込める企業に、出資と一緒に、相手が望む能力を持った人材も供給するのです。これまで社外に出向したのは延べ20～30人ぐらいかな。みんな進化しますよ。

健全な文化性を広めたい

M＆Aで難しいのは、買収金額の見立てでしょう。一般的には将来に実現するであろう利益を先取りして価値を評価しなければいけません。計画の実効性や潜在リスクの検討、デューデリジェンス（資産査定）は当然しっかりと行いますが、それでも蓋を開けてみるといろいろと出てくる。それが会社です。

はなまるの場合、２００４年５月に33・４％の株式を譲り受けて持ち分法適用会社とし、２００６年５月に51・０％まで買い増しして子会社としました。株式を過半数持つのはオプションでした。権利として保有するけれども、実行しなくてもいい契約にしたのは、安全を担保するためです。

33・４％の時点では高い買い物でしたが、51・０％になって適正価格に収斂しました。こちらが持ちかけた交渉は、本来であれば成立しない内容だったかもしれません。はなまる社長の前田英仁さんは気持ちよく応じてくれました。話を聞くと、最初から吉野家に渡す覚悟があったようです。

経営者の資質も重要です。前田さんは四国の出身で、地元の食べ物である讃岐うどんに郷愁を持っていて、味にもこだわっている。そして、それを広げたいという強い意志があります。彼は外見は怪しげに見えるし、前に社会問題化した豊田商事の社員だった過去がある。だから、いろいろと言う人は多い。でも、実際につき合っていると純粋で

吉野家は、ペッパーフードサービスの可能性を見込み、資本と人材を送り込んでいる

潔くてナイスガイですよ。

京樽やはなまるは持ちかけられた話ですが、私から「一緒にやりませんか」と持ちかけたケースもいくつかあります。ただ、競合がいて入札となると、うちは取れない。相当にそろばんをはじいて、妥当な水準の値踏みしかしませんから。それでも高かったと思うことがなきにしもあらず、です。吉野家は、M&Aが下手かもしれませんね。

吉野家にとってM&Aは、店舗の拡大と同じです。東京・築地の吉野家1号店は年商1億円を売り上げていましたから、事実上の創業者である松田瑞穂さんにしてみれば、それだけで潤沢な資産を蓄えることができて、何の苦労もしなくて済んだ。

それでも、店舗を増やしたのは、1人でも多くの消費者に対して、僕らの商品を利用できるチャンスを作りたかったからです。この行為は、否応なく社会のために機能する存在となることであって、個人の利殖目的ではやっていけなくなる。僕らが牛丼で実践してきたことは、ほかの商品でもできるというのがM&Aの原点にあります。

従って、時価総額主義とは一線を画しています。時価総額なんて、一過性の評価に過ぎません。永続的な価値はありません。

ただ、僕らの考え方は、誤解を招きやすい、非常に傲慢な主張ではあるんです。吉野家の文化性は、合理性と有効性に基づいて評価、判断、発想、行動している点で健全だと思っているんですよ。ほかの会社は決してそうではないことが垣間見える。大上段に構えれば、吉野家の有能なリーダーに幅広く活躍できる場を提供することで、健全な文化性を広められる。こういう自負があるのです。

M&Aを通じて、社員に武者修行の場を与える

急成長戦略ではなく、人材の育成など経営の充実に主眼を置こう

M&Aの目的	狙い
○ ①経営者教育の場を確保	アーリーステージの会社では、幅広い業務を自分で処理する「異能の体験」が能力の幅と深みを広げる
○ ②会社の文化性を伝播	倒産から再建に至る過程で、合理的に判断することの重要性を熟知した吉野家の技術論が社会的に役立つ
○ ③キャピタルゲインの期待	支援先の株式公開などにより、その値上がり益を得ることができるので、ステークホルダーが出資に納得する
× ④時価総額の増加	株式市場における企業価値を一過性で評価するものでしかなく、永続的な価値というわけではない

ドキュメント　その時、安部修仁は――9

「牛丼復活」決起集会で流した涙

２００６年９月18日の牛丼復活祭が行われる２週間前。都内のホールで吉野家ディー・アンド・シーは「牛丼復活」決起集会を開催した。牛丼の販売再開に向けて改めて団結を強める場で、安部修仁は東日本の営業担当者や店長ら約６００人に語りかけた。「僕はここにいてよかったと思う。正しいことは正しい、悪いことは悪いとはっきり言える集団だから」。

そして、声を詰まらせながら、こう続けた。「歯を食いしばっての活動…、みんなにお礼を言いたい」。

待ちに待った牛丼の販売再開を目前に控え、安部の脳裏には苦しかった２年７カ月の思い出が駆け巡った。

米国産牛肉にこだわる吉野家に、世間は賛否両論だ。特定危険部位でなければBSE（牛海綿状脳症）は人に感染しないという欧米の安全基準を拠り所にする吉野家。しかし、国内では、BSEと人の感染についてはまだ不明な点も多く、全頭検査が欠かせないという慎重な意見も根強い。こうした社会情勢は、「分からないという不安が、不安をあおっている」ように安部の目には映った。

その一方で、牛丼販売中止を決断した安部にも、一抹の不安があったのは間違いない。牛丼がなくなって売り上げが落ちれば、当然ながら社員には動揺が走る。世間の風潮が社員の戸惑いを大きくする可能性もある。そうなれば、安部が示した、牛丼なしで営業利益率5％を達成するという目標も危うくなる。安部の期待よりは遅かったとはいえ、目標は達成した。そして、牛丼の販売再開を迎えることになる。

社員が自分の主張を信じてついてきてくれたことに、安部は感激を隠し切れず、目を潤ませていた。

R&Bを愛し、熱唱する

何のてらいもなく、素直に感情をあらわにする。そんな安部に、魅力を感じているのは社員だけではない。経営者仲間も多い。牛丼再開に当たって、ブックオフコーポレーション会長の坂本孝、良品計画社長の松井忠三、カルチュア・コンビニエンス・クラブ社長の増田宗昭がエールを送った。彼らは、牛丼ファンであると同時に、こうした安部の実直な人間性に惹かれている。

「ミュージシャンだったことがあっただけに、いつもリズムに乗って体を揺らしている印象がある。どんなつらい時でも、音楽を演奏している時のような雰囲気で、決して苦しい顔を見せないリーダーシップがある」。7～8年のつき合いがある坂本は、こう安部を評する。

安部が好む音楽は、リズム・アンド・ブルース（R&B）だ。ミュージシャンとしての夢を持って上京した安部は、2年ほど音楽プロダクションに所属したこともある。

当時、安部は、１９６０年代に一世を風靡したモータウン系のソウルミュージックに憧れを抱いていた。「歌っていたのはウィルソン・ピケットとか」。ウィルソン・ピケットは、「イン・ザ・ミッドナイト・アワー」「ダンス天国」などのヒット曲で知られる。自らの感情を込めて、野放図に激しく歌うスタイルで人気を博した。

こんな感情表現方法に、安部も共感を覚えるのだろう。マイクを握ると、ノリのいい曲では声を張り上げてパワフルに、静かな曲では熱く語りかけるように歌い上げる。熱唱タイプだ。

そんな姿に周囲は親しみを覚える。東京証券取引所第１部上場企業の社長だが、「安部ちゃん」と呼ばれる〝愛されキャラ〟。こんな安部の人柄が、吉野家の窮地を救う求心力になっている。

第10講

フィロソフィー

MBA講座では教えない
——安部修仁の
金言

「言葉の定義あっての理念」

米国産牛肉が輸入再開となり、牛丼を毎日販売できるようになりました。社員のみんなが明るくなってきた。心からそう思います。

目の前の危機は脱しましたが、安心はできません。企業は永続しなければなりませんから。２００６年12月、国内外を含めた吉野家グループの経営幹部50人ほどが集まって、3日間の合宿を行いました。２００７年度以降の新たな中期計画を練るのが目的です。そのうち、理念の共有に1日半をかけましたね。

ビジョンとか、理念とか、ミッションとか、いろいろな言葉が氾濫しています。言葉の意味を50人に聞いてみると、みんな定義が違うんですね。そこで専門書をひもとくと、これも経営用語の解説としては結構バラバラでした。だから、まず「理念」「価値」「約束（プロミス）」「ビジョン」という4つに絞って、それぞれをどう定義するかという話し合いから始めたのです。

夜を徹して議論するんですよ。はたから見ていると、ちょっと滑稽かもしれませんね。一国一城の主であるグループ会社のトップが「共有すべき理念は短い言葉でくくろう」とか「吉野家オリジナルの価値は何ぞや」とか、青臭い話を侃々諤々とやっている。

本当に様々な話が出ました。例えば、吉野家ウエーはなぜ吉野家ウエーか、という必然性について語り合う。ほかにはない、固有の、培ってきたもの、信頼につながっているものというような重要なエッセンスがそこにあるはずです。

共通の言語が一体感の土壌に

だから、議論を重ねていると、吉野家以外の事業体であっても「うまい、やすい、はやい」を価値の中心に置くという社長が出てきます。これは吉野家の営業上のキャッチフレーズなのですが、これをクオリティー、ポピュラープライス、クイックリーなワーキングスタイルと読み替えて、組織活動の3要素と理解しているのです。

確かに吉野家ウエーの表現として一番分かりやすいし、グループ意識を持つことにもつながる。でも、教条的に上から押しつけられるのではお題目にしかならないだろうといった意見も出てくる。

グループの経営幹部だけでなく、40歳以下の次世代の経営幹部候補にも、同じテーマ

約2年7カ月ぶりの牛丼再開に、吉野家の味を待ちわびた人たちが長蛇の列を作った（写真：村田 和聡）

で議論する場を設けました。吉野家は、経営幹部と部長クラスの世代やキャリアがほぼ同じで、その下とちょっと断絶しています。高校野球に例えると、1年生の時からレギュラーを張ったまま、3年生になっているのが今の経営幹部です。3年生の卒業後は、1年生に頑張ってもらわないといけません。

若い世代のグループディスカッションの進め方を見ていると、今の経営幹部より円滑ですね。研修とかで慣れているのかな。社長の議論では、どうしても部分最適だけれど全体不適になっているケースが出てきてしまいます。我が社の代表意見を述べます、みたいな。そうではなくて、全体最適の概念と有効手段から始まって、では個々にはどうあるべきかを考えるように導こうとしているんですけれどね。

会社を経営するうえで、私がとても気にしているのは一体感です。まず、みんなが共感できる目標を立てる。そして、目標を実現するために自分の役割は何か、個人が自分の仕事に置き換えて取り組んでいく。社内の仕事すべて、どんなディテールまでも、1つの軸に収斂されているか。この点には特に気を配っています。

観念的には同じことを言っているようでも、実はみんながバラバラの方向を見ている——。こんなケースは案外と多いのです。

社員のベクトルを同じにするためには、社内で使う用語の定義をはっきりさせることが必要です。吉野家には、伝統的に用語を共有する文化があります。社内には、100 1の用語とその意味を解説した文章をまとめた単語帳があります。店長昇格試験などで、意味を覚えているかどうか確認する問題を出しています。

もともとは事実上の創業者だった松田瑞穂さんが、経営コンサルティング会社が作ったチェーンストアの専門用語を徹底的に社員に覚えさせたのです。私も単語と解説文を丸暗記しました。言語体系が共通だから、コミュニケーションがしやすいのです。社員が必死で議論している姿を見ていると、我々は当たり前に使われている言葉であっても、共通言語として大事にする作業に手間暇をかけていると思いますね。

メッセージとしての怒り

経営計画はみんなで議論して作り上げていかないと、社長1人ではどうしても無理が生じてきます。松田さんは成長一辺倒の組織ワークで、トップダウンの経営者でした。僕らが考える前に、指示が飛んでくる。組織図にすると文鎮型で、要するにすべての部長にとって、上司といったら松田さんです。

オールマイティーにこなせるスーパーマンのような人でしたから、100店舗ぐらいまでは目を行き届かせることはできたでしょう。でも、100を超えたら、もう無理ですね。それでも本人はできると思っている。すると、実態が見えなくなってきます。自分にとって都合のいい情報しか届かなくなります。実態を見に行かない当人も悪いんですけれどね。これが、1980年7月の会社更生法適用の申請につながってしまったわけです。

こう言っている私だって、気づかないことだらけです。放っておくと実態の情報が入らなくなる。この問題意識は常に持っていないといけません。品質管理や店舗運営などにおいて会社として監査機関を整備するのは当然ですが、それ以外にも非公式に情報が集まる手段を用意しておく必要があるでしょう。幸いなことに、今の私には「社長が気づいていないだろう」と忠告してくれる方が周りにたくさんいます。

松田さんの能力頼みだった吉野家ですが、管財人の増岡章三先生がいらして組織は大きく変わりました。増岡先生は鍋の前に立ったことはないし、食材を調達したこともないし、出店の開発に携わったこともありませんから、具体的な指示は出てきません。むしろ、指示のシナリオを僕らが用意するぐらいでした。会議でしゃべっているのは、大抵、吉野家ディー・アンド・シー元副社長で今は西洋フードシステムズ（東京都）で社長を務める幸島武か私でしたから。会議そのものが、松田さん時代とは対極に振れたわけです。この時、トップダウンからボトムアップへ完全に組織が様変わりしたのでしょうね。今もこの延長でやっているという感じが私にはあります。

ただ、増岡先生と私が違うのは、各部門から上がってくる提案や報告への対応です。増岡先生は、どちらかというと「ノー」が多かった。再建に当たって、無謀なリスクは取れないという事情がありましたし、論理的に考えて是か非かという観念が強かった。

私の実感としては、ほとんど「イエス」です。そもそもルーチンワークで出てくる話は、判断自体が常務レベルで完結しているケースがほとんどですから。そうではないイレギュラーな場合は、ゼロからやり直させることも年に数回はあります。その時は多分、当事者たちは大騒ぎして「これまで何だったんだ」となっているのでしょうね。

本音を明かせば、吉野家に本当に必要か、私自身は首を傾げる提案もあります。それでも、提案した社員が善意で全力でやっていれば、「違うな」と思いながらも、任せてみることはあります。

ひっくり返すのは、スタンスがいいかげんな提案です。突き詰めて考えてなく、とりあえず格好だけを繕っている。こんな〝やっつけ仕事〟で済ませる悪い癖を社員につけたくないのです。

一方で、「ノー」ばかりでは提案が出てこなくなるとも思っています。社長に叱られてばかりいては社員も萎縮してしまうでしょうし、隠蔽体質につながりかねません。特に吉野家のような上意下達のストロングマネジメントでは、このことが最も心配です。

ですから、虚偽の報告は、一番の厳罰です。うかつな失敗、怠惰、不始末…。正直に話した社員には、決定的なダメ烙印は押しません。懲罰はありますが、必ず敗者復活戦のチャンスも提供するので、社員にはこのことを意識させるようにします。

これも難しいところで、メッセージとしての怒りも必要なのです。「社長をこれほど怒らせることをしたんだ」と相手に伝えなければいけない場合もあります。叱る時も、頭ごなしに刹那的に怒るようなことはなるべくやめた方がいいと思いますね。

中期経営計画の策定は言葉の定義づけから始まる

当たり前に使っている言葉の意味を再確認しよう

理念　グループとして共有すべき思想

価値　吉野家オリジナルの実践

約束　ステークホルダーに対する行動基準

ビジョン　各企業が目指す理想の姿

ドキュメント　その時、安部修仁は――10

祖父から受け継いだ「義」の心

福岡市から自動車で東南方向に走って約30分のところに位置する宇美町。1949年9月14日、安部修仁はこの地で3人兄弟の末っ子として生まれた。上には姉2人がいた。

高校卒業後、宇美町からミュージシャンを目指して上京した安部だったが、吉野家でアルバイトとして働き、そのまま入社した。その後、企業再建で大きな役割を果たすなど経営者としての才覚を認められ、今では上場企業の社長となった。

「吉野家の安部さんは宇美町の誇りだよ」。タクシーの運転手は自慢げに教えてくれた。安部が通った小学校では、こんな出来事もあった。学芸会で張り出された1枚の古い記念写真。そこには、町内対抗のソフトボール大会で優勝した子供たちが整列している様子が映っている。その1人が安部だ。「小柄だったけれど、器用で俊敏。ショートを守っていた」とチームメートだった福岡地所副社長の藤賢一は話す。

宇美町は、かつて炭鉱の町として活気を呈していた。その中心にいたのが、安部の祖父だったという。練炭工場を経営し、工場で働く人々を取りまとめていた。「豪気で、義理堅い人だった。相撲の興行を仕切るなど、町のために尽くしてくれた」と当時を知る人は振り返る。

幼い頃に父を亡くした安部は、そんな祖父の生き方に大きな影響を受けている。宅配ピザを手がけるストロベリーコーンズ（東京都）の社長、宮下雅光は以前に安部から聞いた話が忘れられない。「安部さんの祖父は練炭の製造特許を取らずに、アジアの他国へ技術供与して経済発展に貢献したらしい。手柄を独り占めするのではなくて、みんなで分かち合う精神は、こんなところから生まれているのだろう」。

同業者のために矢面に立つ

２００３年12月24日から始まったＢＳＥ（牛海綿状脳症）による米国産牛肉の輸入停止でも、「義」を大切にする安部の姿があった。当初は、輸入再開を求めることを自重していた。牛丼の販売中止を余儀なくされた立場だけに、自らの主張が「一企業のエゴと取られかねない」と考えたためだった。しかし、問題解決を待っていても、なかなか輸入再開の見通しが立たない。

事態が長引くうちに、仕入れがままならなくなった焼肉店などが廃業に追い込まれていく。吉野家は豪州産牛肉を使った新商品投入で業績を回復基調に乗せるが、安部はつらそうだった。「うちは企業体力があるから、肉を調達できる。しかし、絶対量が限られているだけに、うちが調達した結果、肉が回らなくなった他社が苦境に陥ってしまう」。こんな言葉を漏らした。

もはや待っているだけではダメ。こう判断した安部は、吉野家の業績が単月黒字となった2004年秋から、米国産牛肉の安全性と輸入再開の必要性を訴えるようになる。牛丼がなくても吉野家はやっていけることを示したのだから、胸を張って「自らの主張は企業エゴではない」と言える。すかいらーく会長で、日本フードサービス協会会長としてBSE問題に直面した横川竟は「勉強会の準備や政府への説明資料の作成など、副会長の安部さんは裏方として、輸入再開に向けた活動を一生懸命やってくれた」と語る。

安部の一面を示すユニークなエピソードがある。安部の友人で、コンサルティング会社ビーフラット（東京都）の社長、藤田誠が安部に「どんな絵が好きですか」と尋ねた時のことだ。

「ゴッホやルノワールなど画家の名前か、ルネサンスといった画風を挙げるだろう」と思っていた藤田だったが、安部の答えは意外だった。

「青い絵が好き」

画家や画風でなく、作品が自分の好みであれば認める。常に仲間を包み込む器量を持つ安部の精神は、こんなところにも表れている。

特別講

マッキンゼー・アンド・カンパニー

国際的な経営学の最新潮流を知る集団が見た吉野家ウエー。
ムダを省いた店舗運営力とコアなファンという顧客基盤こそ強み。
吉野家・逆境の経営の本質には「揺るぎないもの」があると説く。

危機を危機としないために

牛丼販売の再開時に吉野家各店舗にできた人だかり。これを見れば、吉野家ディー・アンド・シーが米国におけるＢＳＥ（牛海綿状脳症）発生に伴う牛丼販売中止という逆境を力強く乗り切ったことは明らかだ。

牛丼のない吉野家など、全盛期の読売巨人軍が長嶋茂雄と王貞治と堀内恒夫抜きで戦うようなもの。主力バッターとエース投手なしで巨人軍が9年連続勝ち続けることができたかどうか、甚だ疑問だ。だが、吉野家は顧客の支持をもって空前の逆境に打ち勝ったと言える。

では資本市場は、逆境に陥った吉野家をどう評価していたのだろうか。通常はアナリストの2期先、3期先の収益予想が時系列で下降曲線を描くのであれば、株価はほぼアナリストの評価に連動して下落していく。なぜなら、株式市場は企業の将来に何度も「がっかり」するためだ。

ＢＳＥ後の吉野家については、２００4年及び２００5年のＰＥＲ（株価収益率）について、アナリストは幾度も見通しを引き下げている。にもかかわらず、株価の下落は小幅で、順調な回復を見せた。一体なぜだろうか。

この理由を探るために、マッキンゼーでは企業価値を分析した。シェア・プライス・デコンポジション（Share Price Decomposition）という手法で、ある期間の時価総額の変化を、現在のパフォーマンスに対する業績評価と将来の期待とに分解するものだ。

この分析を、牛丼を取り扱う主要上場企業に当てはめてみた（左図参照）。結果は、深刻な危機にあっても、顧客だけでなく、資本市場もまた吉野家の将来を強く信じ続けたことを物語る。

米国以外で調達した牛肉を使って牛丼の販売を継続していた松屋フーズなどの他社に比べて、牛丼を扱わない吉野家の当時のパフォーマンスは大幅に落ち込んでいた。にもかかわらず、時価総額では、松屋フーズなどとほぼ変わらぬ堅調な成長を遂げていることが分かる。将来への期待がとてつもなく大きく膨らんだ結果だ。

ゆえに我々は、吉野家の強みをこうとらえている。その強みは、牛丼販売中止の事態にうまく対処したという危機管理にあるのではない。本当の強みは、危機を危機としない強い基盤の存在にあると——。

危機を危機としない基盤は、「揺るぎないもの」だ。あなたの会社は「揺るぎないもの」

吉野家に対する市場の信頼は厚い

企業価値総額の変化を
業績評価と将来期待で分解

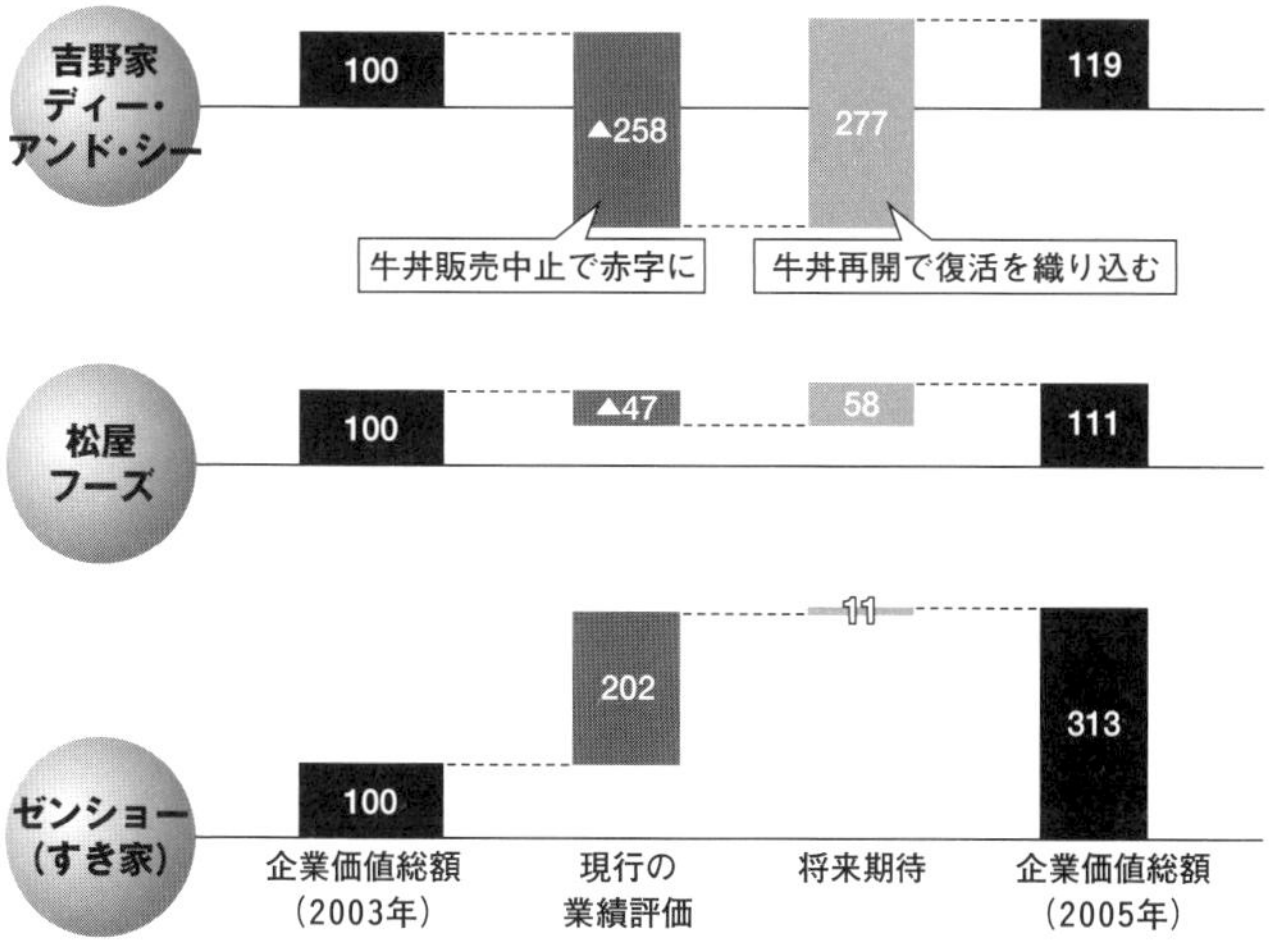

注：企業価値総額は2003年を100とする指数。現行の業績評価と将来期待は、企業価値総額（時価総額と純負債の合計）と広義の利益（税引き後利益と法人税や支払利息、減価償却費などの合計）から算出。▲はマイナス

をいくつ有しているか。そして、「揺るぎないもの」を正しく理解して、定義しているか。

吉野家には、「揺るぎないもの」が3つある。1つは、安部修仁社長の言葉から容易に汲み取れるように「一貫した組織の理念や風土」である。あとの2つは、「信頼関係に基づいた強い顧客基盤」と「効率を徹底的に追求したオペレーションに裏打ちされた提供価値の実現」だ。本稿では、これら2つを詳しく見ていこう。

販売停止は正しかったのか

まずは、顧客基盤について。BSE騒動の中であえて競合他社に追随して牛丼を出さなかった。店舗当たり来店客数を大きく下げたが、経営判断として正しかったと言えるのだろうか。これについて、顧客基盤という観点から吉野家の強みと、その戦略的な意味合いを考えてみたい。

ほかの牛丼チェーンはBSE騒動期間中に収益を改善しており、一概にどちらが正しいとは判断できない。こういう場合、顧客のタイプ別の売り上げ構成と最重要顧客が何を求めているかがポイントになる。

吉野家の顧客基盤は、次のように想定できる。BSE騒動以前から売り上げの大半は訪問頻度の高い根強い吉野家ファンによってもたらされている。彼らにとって、吉野家の牛丼は、味だけでなく、信念やこだわりなどの無形価値まで含めて強固なブランドとなっている。重要な有形・無形の要素のどれかが欠けるとブランドとしての信頼が失われ、「その他大勢」の牛丼と同格扱いになってしまう。

実際に、消費動向分析を手がけるシナジーマーケティング（大阪市）がBSE直後に実施した調査によれば、最もよく食べる牛丼店が吉野家である人の9割以上は「BSE後に食べたいのは吉野家」と回答した。ほかの牛丼チェーンを最もよく食べる店として挙げた回答者が、それらのチェーンに再開後行きたいと答えた比率はおおむね5割以下。吉野家の支持率は異常に高い。「吉野家の牛丼」をブランドとして認知し、はっきりとした目的意識を持って訪れるファンが多数を占めることを推論できる調査結果だ。

この推論が正しい限りにおいては、吉野家の選択は合理的であったと判断できる。経営の実践においては、顧客分析を通じて推論を確認しておくことが不可欠であろう。

吉野家は短期的には全体の売り上げが減少するリスクを取って、これらコアなファンの期待を徹底的に守った。この結果、彼らとの信頼関係をさらに強固なものとしたと考えられる。

「揺るぎないもの」の3つ目は、競争優位性のあるオペレーション能力だ。1000店舗になろうが、どんな人が店舗を運営しようが、吉野家に行けば「あの牛丼」が提供される。

今回、我々は繁忙時と閑散時に何度も異なる店舗に足を運び、競合店との比較を試みた。マッキンゼーの店舗改革手法「リーンリテーリング」には、トヨタ生産方式で言う「7つのムダ」を小売店舗に応用した「8つのムダ」という考え方がある。具体的には、①生産、②在庫、③移動、④やりなおし、⑤プロセス、⑥待機、⑦動作、⑧人材——の8つに注目する。

一見すると、牛丼チェーンの店舗はどこも同じようだ。ここに製造現場の視点を持ち込んでみると、吉野家はどのムダに対してもバランスよく対処していること、人や機械に頼らずに仕組みやプロセスによってムダを排除していることが理解できる（左図参照）。

「うまい、やすい、はやい」に集約する

店舗オペレーション「8つのムダ」を省く仕組み

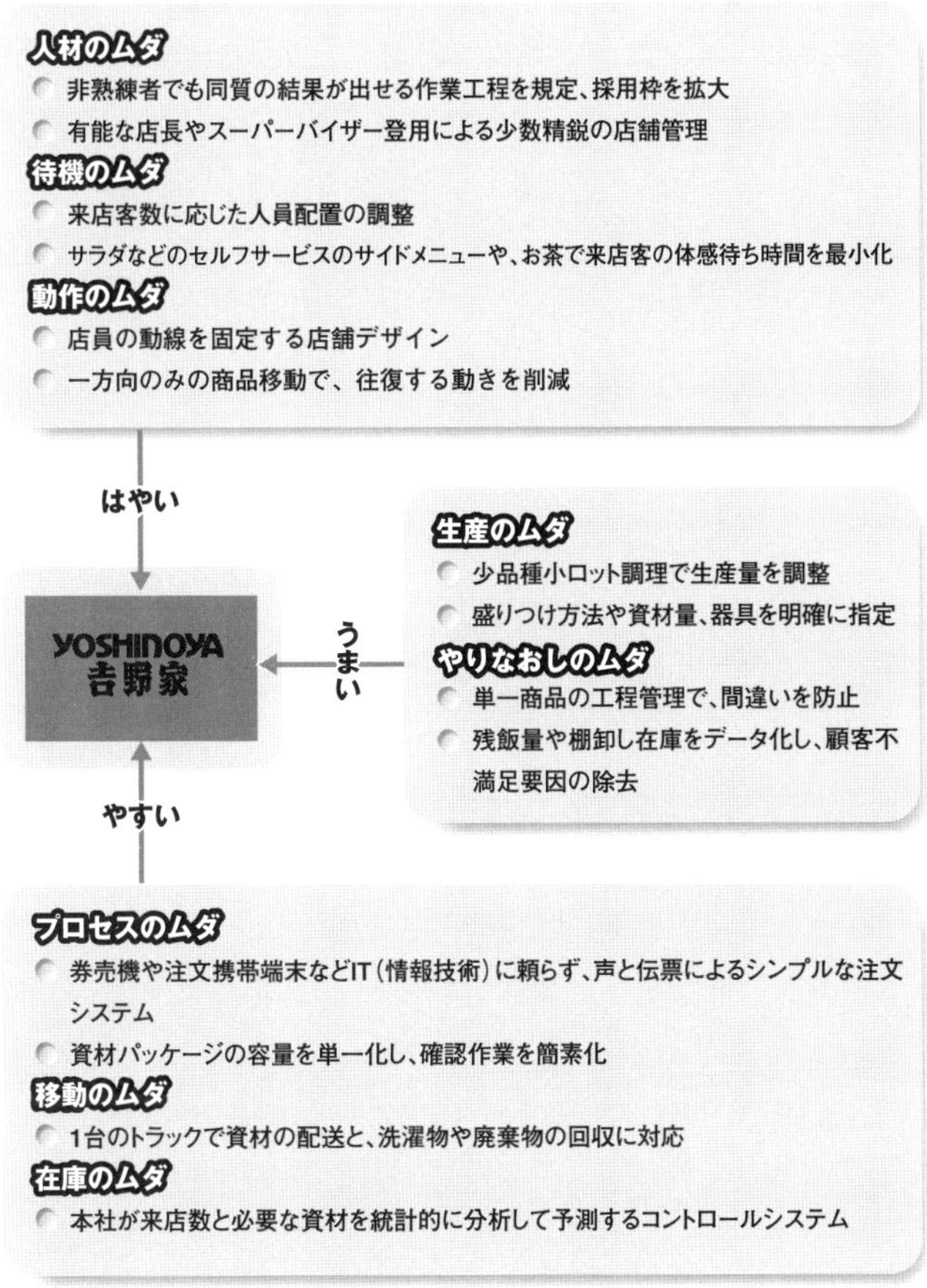
人材のムダ
非熟練者でも同質の結果が出せる作業工程を規定、採用枠を拡大
有能な店長やスーパーバイザー登用による少数精鋭の店舗管理
待機のムダ
来店客数に応じた人員配置の調整
サラダなどのセルフサービスのサイドメニューや、お茶で来店客の体感待ち時間を最小化
動作のムダ
店員の動線を固定する店舗デザイン
一方向のみの商品移動で、往復する動きを削減
はやい
YOSHINOYA
吉野家
うまい
生産のムダ
少品種小ロット調理で生産量を調整
盛りつけ方法や資材量、器具を明確に指定
やりなおしのムダ
単一商品の工程管理で、間違いを防止
残飯量や棚卸し在庫をデータ化し、顧客不満足要因の除去
やすい
プロセスのムダ
券売機や注文携帯端末などIT（情報技術）に頼らず、声と伝票によるシンプルな注文システム
資材パッケージの容量を単一化し、確認作業を簡素化
移動のムダ
1台のトラックで資材の配送と、洗濯物や廃棄物の回収に対応
在庫のムダ
本社が来店数と必要な資材を統計的に分析して予測するコントロールシステム

参考文献：マッキンゼーリテールプラクティス資料、『吉野家』（生活情報センター）、『吉野家の牛丼280円革命』（徳間書店）、『吉野家の経済学』（日本経済新聞社）

店舗デザインがムダを省く

外部からの観察で確認できたいくつかの面白い事例を紹介しよう。

例えば、動作のムダ。傍目には「似たり寄ったりの店舗」でも、実は吉野家は、どの競合店よりもスタッフの動作にムダがない。明らかに吉野家のスタッフの動線は単純で、1つの動作にかかる歩数が少ない。

その答えは、U字形テーブルの横幅にあった。吉野家の場合、U字形テーブルの内側は、どうやっても1人のスタッフしか通れない幅になっている。ゆえに、配膳は1人のスタッフが往復運動でやるしかない。一方、競合店では、複数のスタッフが動き回るのに十分なスペースがある。この自由度が逆に動作のムダを生んでいる。吉野家は動作のムダを店舗デザインで排除しているとも言える。

もう1つ、待機のムダはどうか。ここでは店舗における待機を、来店客やスタッフ、モノ（商品や廃棄物などすべて）の遊休時間としてとらえる。牛丼チェーンの店舗スタッフは、基本的に閑散時は料理の仕込みや店内清掃などに当てており、時間を有効活用していると言える。

来店客が集中する昼休み（正午から午後1時）の時間帯の店舗運営を見ると、我々が観察した範囲では、吉野家のスタッフは明確に遊休時間が少ない。競合店では、同時に何人も来店して接客に追われるスタッフがいる一方で、店の奥でゆっくりと仕込みをするスタッフがいる光景を何度か見かけた。これに対して、吉野家は繁忙時には全スタッフが次々と押し寄せる顧客の波に一丸となって対応している。

これを可能としているのが、フォーメーション（編隊）と役割分担だ。吉野家では、基本的に丼物の盛りつけは店の奥で店長クラスが行い、味噌汁や卵などのメニューのセットはベテランが、そして顧客回りの注文や配膳、下膳、会計は初心者に近いスタッフが取り持つ。そして、店長は店の奥から店舗内全体を見渡し、顧客の流れやスタッフの動きを把握する。

店長の一声で、それぞれの持ち場の人数が調整され、臨時に応援を入れたり、休憩を含めたシフトチェンジをしたりする。聞くところでは、吉野家のシフト割りは分刻みに近いという。

店長を中心とした軍隊のような作業序列の実現。これは、全スタッフの動線が直線の組み合わせで構成される店舗デザインがあってこそのものだ。

狭い店員通路の終点は顧客に囲まれており、基本的には顧客から遠ければ遠い場所ほど店員の動きに自由度が与えられ、必要に応じてほかの店員の作業をカバーできる仕組みになっている。従って、店の一番奥にいる店長は、少し忙しくなってくるとまずは自分が客席をカバーし、それでも忙しければ自分の周りから人数を増やしていくことで、オペレーションを混乱させることなく客数増に対応できる。

一方、客数が減った時には、店舗の奥が米とぎや洗い物、片づけといった最も煩雑な作業の場となる。テーブル回りでは、割り箸などの備品やサラダといったサイドメニューの補充作業が主になる。いちいち持ち場を離れずとも各自が、そのスキルレベルに応じて接客以外の作業に従事できる。

このように吉野家は待機のムダを店舗デザインと店長を中心にした人員配置の仕組みで削減している。

吉野家には、こうした工夫が至る所に見受けられる。メリットは、人件費や原材料費などのコスト削減効果(「やすい」)だけではない。どんな状況でも顧客を待たせない(「はやい」)、その場で調理するというおいしさの必要条件を守りながら一定の品質を保ち続ける(「うまい」)——。この吉野家の明確な提供価値は、あらゆるムダを省いたオペレーションの下に成立しているのだ。

8つのムダという視点から、吉野家とほかの牛丼チェーンを比較すると、吉野家には緻密な仕組みが構築されていることが一目瞭然だ。

この背景には、吉野家の店舗で働くスタッフのほとんどがアルバイトにもかかわらず、1000を超えるすべての店舗で「うまい」「やすい」「はやい」の3本柱を提供しなければならない厳しい事情がある。吉野家はこの境遇を逆手に取って創業以来、極限まで店舗運営効率化のこだわりを貫いた。結果、人の能力や柔軟性にはあえて頼らない、誰にでもできる標準的な運営プロセスを築き上げた。

一見がんじがらめに見える店舗運営であるが、スタッフは来店客への「ありがとうございます」と笑顔を絶やさない。仕事は効率的に、しかし余った時間で来店客に対するコミュニケーションも大切に。吉野家の店舗運営の不動の強みは機械にも、人にも頼らない、仕組みの徹底的な作り込みにある。

譲れないものと捨てるもの

では、吉野家のケーススタディーをまとめていこう。「揺るぎないもの」は経営環境の変化を超えなくてはならないことが分かる。

吉野家にとって、本当の意味での「お客様第一」とは、目先の環境変化に対応して当座の顧客ニーズにそこそこに応えることではなく、長い目で見た時に自社のコアユーザーの「うまい、やすい、はやい」への信頼に応え続けることであった。

それはBSE騒動においては、顧客数を激減させ、吉野家の最大の強みである高い回転数を支える強固なオペレーション能力を短期的にはムダにすることになった。また、ほかの牛丼チェーンは相次ぎ米国産以外の牛肉で牛丼を作っており、相対的に「うまい、やすい、はやい」牛丼を提供して回転数を上げることも可能ではあった。

にもかかわらず、吉野家はあえて「牛丼を販売しない」との決断を下した。そして、米国産牛肉を使った吉野家の牛丼再開まで我慢したところに、経営判断上の大きな意義があった。

環境変化がますます急速になる昨今、環境変化に対応できる経営、環境変化を先取りする経営の重要性が脚光を浴びる。しかし、吉野家が提示するものは、これらとは大きく異なる。

日本企業にとって、「揺るぎないもの」を守り抜くのは困難を極める。競合がこぞって環境変化に適合した（つもりの）商品やサービスを提供したり、組織改編を行ったりする中で、「揺るぎない」部分を持ち続けるのは不可能に思えるかもしれない。しかし、本来社会に提供できる独特の価値というのはそう簡単に変えられるものではないのではないか。異なる経営環境を生き延びられるものこそが本当の「揺るぎないもの」であろう。

そして、「揺るぎないもの」を守るには捨てなければいけないものもある。今回の吉野家のケースでは、この点も重要なポイントに思える。

自らの最重要顧客の視点で見て絶対に譲れない部分を守った結果、捨てた顧客も従業員もいたはずである。また、強固なオペレーション能力に機会損失が発生したのだから、加盟店オーナーからの抵抗も相当強いものがあっただろうと推測できる。

それでも長年にわたって3つの「揺るぎないもの」を守り続けてきたこと、そしてBSEという危機でも揺るがなかったことで、安心感が生じた。これほど強い意志があればきっと将来この会社は成長するだろう、という期待感も膨らんだ。だから吉野家の業績が悪化したにもかかわらず、顧客、ひいては資本市場も評価したのである。

翻って、多くの日本企業は自社の「揺るぎないもの」を明確に定義し、経営環境のダイナミックな変化を超えて、徹底してそれを守り抜く覚悟ができているだろうか。

世界の主要企業をクライアントに持つコンサルティングファームであるマッキンゼー・アンド・カンパニーが分析、執筆した。消費財・小売業研究グループに所属する金田修、坂田未央、山梨広一が担当した。

「揺るぎないもの」は環境変化を超える

なぜ危機を危機とさせなかったのか

一貫した理念や風土

変化する外部環境に振り回されず、自社の存在意義に基づいて意思決定し、やり抜く

信頼ある顧客基盤

「お客様第一」のお題目を掲げるのではなく、最重要顧客との関係を絶対に裏切らない

提供価値を作る仕組み

人や機械ありきではなく、店舗設計や作業工程の効率化を追求し、味や早さを担保する

謝辞

「現役経営者の間は、本業に専念したい。自分の本を出すようなマネはしたくない」

本当は本書の巻頭を安部修仁氏に執筆していただきたかった。ところが、依頼したところ、こう固辞されてしまった。対談を除けば、安部氏が書籍に関わることはこれまでなかった。安部氏にとって、経営者としての流儀に反するからだ。

筆者が自ら書くのは恥ずかしいこととは知りつつ、安部氏が何気なく語った一言をあえて紹介させていただきたい。

「この本が生まれたのは、戸田さんの取材ぶりが私の現場主義の精神と共鳴したからだ」

筆者にとって、本書は安部氏との共同作業による産物だ。折々の取材を再構成したとはいえ、安部氏の言葉がベースになっているからだ。ここに厚く御礼を申し上げたい。

安部氏とは不思議なご縁で知り合えた。米国産牛肉の輸入停止直後、安部氏は記者会見以外、一切のインタビューを断っていた。筆者がしたためた手紙を読んだ安部氏から「会いましょう」と電話がかかってきた。その直後、吉野家ディー・アンド・シーの広報部門からも連絡があり、びっくりした声で「あなた、何したんですか」と尋ねてきたことも思い出として残っている。筆者の手紙の何が安部氏の心に届いたのか、本当のところは今も分からない。

約3年間、筆者がお願いした様々な取材を快く実現していただいた吉村康仙氏をはじめとする吉野家広報部門の方々にも大変お世話になった。また、「安部さんの話だから」と、取材に応じてくれた多くの方々に感謝の意を示したい。

本書には、もう1人、生みの親がいる。『日経ビジネス』編集長の井上裕だ。井上は、筆者に書籍化を前提に雑誌での連載を指示した。「逆境の経営学」というタイトルは連載開始時に井上がつけたものだ。本書は『日経ビジネス』での連載（２００６年10月２日号～11月27日号）に加筆・修正した。井上の応援なしでは本書は生まれなかった。

連載と本書の編集を担当した『日経ビジネス』副編集長の廣松隆志、様々な意見を聞かせてくれた編集部の皆の励まし。これがなければ本書が実現しなかったことも申し添えておきたい。

戸田　顕司

２００７年２月11日

著者略歴

戸田 顕司（とだ・けんじ）

1968年11月兵庫県生まれ。慶應義塾大学経済学部卒業。91年、日経ＢＰ社に入り、日経ベンチャー、日経ロジスティクス、日経パソコンを経て、現在、日経ビジネス記者。流通業を中心に、取材・執筆している。著書に『本田宗一郎と松下幸之助』（共著、日経ＢＰ社）などがある。

吉野家　安部修仁　逆境の経営学

発行日●二〇〇七年三月一二日　初版第一刷

著　者●戸田顕司
発行者●藤田俊一
発　行●日経ＢＰ社
発　売●日経ＢＰ出版センター
郵便番号　一〇八―八六四六
東京都港区白金一―一七―三
ＮＢＦプラチナタワー
電話　〇三―六八一一―八二〇〇
http://store.nikkeibp.co.jp/
装　丁●渡邊民人（ＴＹＰＥＦＡＣＥ）
本文デザイン●内田隆史
組　版●クニメディア株式会社
印刷・製本●図書印刷株式会社

ISBN 978-4-8222-0161-6